Introduzione

Ogni anno vengono scattati circa mille miliardi di fotografie al mondo. L'avvento della fotografia digitale e lo straordinario sviluppo tecnologico delle fotocamere e videocamere interne ai cellulari sicuramente ha contribuito ad avvicinare tante persone al mondo della fotografia. Oggi possiamo affermare che non c'è più bisogno di possedere una macchina fotografica per fare fotografie, ma è forse proprio questa estrema facilità e gli innumerevoli automatismi interni ai moderni smartphone e alle attuali fotocamere digitali a non stimolare la creatività di chi scatta foto. Mentre un tempo per scattare una buona foto bisognava tenere a mente almeno qualche rudimentale principio, ora basta inquadrare in maniera efficace e lasciare alla macchina il compito di fare tutto il resto, per poi avere la straordinaria opportunità di controllare subito il lavoro svolto sullo schermo LCD (Liquid Crystal Display) dei nostri dispositivi.

In ogni caso il fotoamatore 3.0 che ama sperimentare ed uscire dal recinto degli automatismi elettronici preimpostati dalla propria fotocamera, ben presto scopre che già attraverso poche, utili conoscenze più dispiegarsi davanti a sé un panorama infinito di scelte creative e di possibilità in grado di ampliare il suo mondo, il suo modo di vedere la realtà e d'interpretarla e la possibilità di superare con agio situazioni di difficoltà creativa, come ad esempio tutte quelle situazioni caratterizzate da scarsa luminosità. Per iniziare a fare questo non c'è bisogno di attrezzature costosissime, ma in verità soltanto di qualche strumento, un certo bagaglio di conoscenze e soprattutto di tanta creatività e voglia di sperimentare.

Buona lettura e buone fotografie a Tutti Voi!

La prima fotografia della storia

In questi casi risposte certissime non si possono mai dare, ma si ipotizza che la prima foto della storia sia proprio questa: "Veduta dalla finestra a Le Gras" (in francese "Point de vue du Gras"), scattata da Joseph Nicéphore Niépce nel 1826.

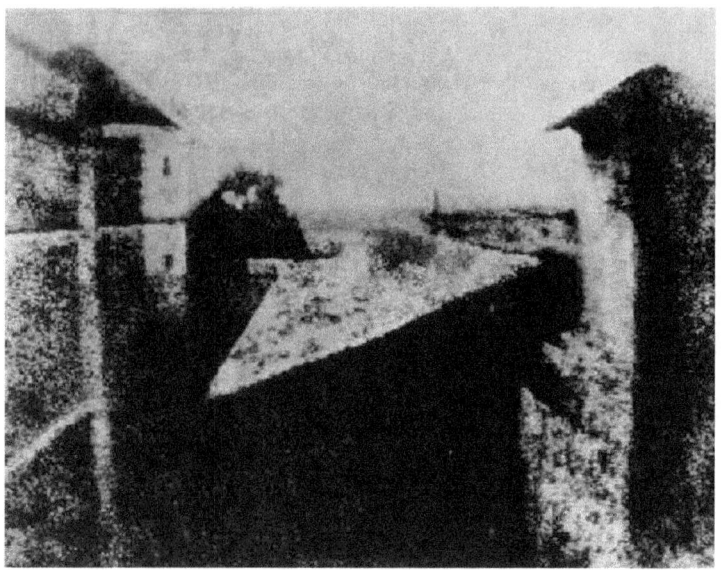

Questa foto fu ottenuta attraverso la cattura dell'immagine con una camera oscura su un foglio di stagno di 16,2×20,2 cm ricoperto di bitume di Giudea.
La miscela di bitume esposta alla luce si indurì, mentre quella non esposta fu rimossa attraverso l'utilizzo di miscela di olio di lavanda e petrolio bianco.
Il lunghissimo tempo di esposizione permette di osservare entrambe i lati degli edifici illuminati.
Alcuni esperti hanno suggerito che l'esposizione fosse durata circa otto ore, tuttavia qualche esperto, studiando gli appunti di Niépce e utilizzando lo stesso suo procedimento, ha confutato tale ipotesi, suggerendo che l'esposizione sia durata svariati giorni.
Lo "sviluppo" originale è ora esposto, custodito in una particolare teca , in un ambiente monitorato, stabilizzato e privo di ossigeno, nella sala principale dell Harry Ransom Center, presso l'Università del Texas a Austin.
Sono state inoltre accuratamente scelte una luce e una posizione ottimali per consentire ai visitatori di godere appieno la visione di tale opera.

Digitale: pregi, difetti e differenze con la fotografia analogica

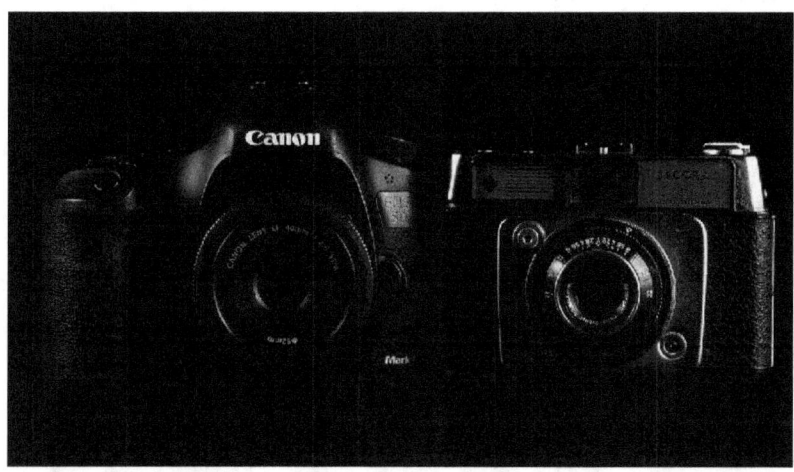

Gli straordinari progressi nel campo della fotografia, la strabiliante semplificazione di utilizzo degli apparecchi fotografici, nonché l'abbassamento dei prezzi registratisi negli anni del '900 hanno indubbiamente favorito lo sviluppo della moderna fotografia, intesa sempre più come una fotografia di tutti e per tutti.

La sostanziale differenza portata dalla rivoluzione digitale nel campo fotografico è stata quella di poter abbandonare lo sviluppo chimico delle pellicole, un procedimento che, seppur molto affascinante, non sempre permetteva una gestione casalinga dell'intero processo fotografico e, in tal modo, lasciava al caso e alla scrupolosità di soggetti terzi il risultato di quello che era un tempo il prodotto finale: lo sviluppo.

Inoltre un aspetto positivo portato dal processo digitale assolutamente da non sottovalutare è stato quello della sostenibilità ambientale. Le emulsioni sensibili a base di sali d'argento della fotografia chimica e altri materiali connessi allo sviluppo della pellicola generano rifiuti speciali davvero molto dannosi per l'ambiente che vanno smaltiti attraverso l'intervento di ditte specializzate, ma che spesso purtroppo, soprattutto nello sviluppo casalingo delle pellicole, venivano smaltiti con incosciente leggerezza, magari semplicemente levando il tappo da una vasca da bagno.

Con l'avvento del digitale il fotografo, munito di un certo bagaglio di conoscenze, può finalmente considerarsi intero padrone dell'intero arco di produzione fotografica: subito, soltanto un istante dopo lo scatto, può decidere se l'immagine è valida o da scartare; ha accesso a una miriade di programmi e app costose, professionali o gratuite in grado di poter svolgere in pratica quasi ogni tipo di lavoro di post-produzione; può subito mettere in rete il proprio lavoro, facendo conoscere al mondo la propria creatività attraverso social network generici, social network fotografici, blog e quant'altro; infine può decidere se stampare i propri scatti o se salvarli sui numerosi tipi di supporti digitali attualmente in circolazione.

Questi vantaggi e la straordinaria miniaturizzazione dei dispositivi fotografici spesso capaci di straordinarie performance ha fatto avvicinare tante persone allo straordinario mondo della fotografia, facendo crescere in maniera davvero impressionante il numero di fotografie che ogni istante vengono scattate nel mondo.

Il rischio ora è comportato proprio dall'ingestibilità di questa enorme mole di dati: spesso chi scatta con il proprio cellulare lo fa quasi inconsapevolmente, talvolta senza compiere alcuna scelta stilistica e senza poi indicizzare tali scatti. Il rischio è che nell'arco di soltanto qualche decennio si avrà una perdita di queste immagini, magari perché stipate su supporti di memoria che saranno danneggiati o risulteranno obsoleti. L'antidoto a questa perdita è quello di scattare con maggiore consapevolezza e curiosità creativa, magari dedicando maggior tempo al processo di salvataggio e indicizzazione per poter rendere più agevoli le nostre ricerche future.

Prescindendo dalla straordinaria miniaturizzazione che hanno registrato gli odierni apparecchi fotografici, in parte dovuta all'abbandono della pellicola fotografica e all'adozione di supporti di memoria sempre più piccoli (nella grandezza di un'unghia possono essere immagazzinati dati pari a migliaia di gigabyte), semplificando, possiamo affermare che il digitale non ha stravolto il processo di acquisizione dell'immagine, ma soltanto quello di memorizzazione. L'immagine viene acquisita con gli stessi strumenti della fotografia analogica, ma viene salvata digitalmente.

Un altro aspetto positivo del digitale è quello del controllo più agevole prima dello scatto in grado di aiutare il fotografo nel regolare una serie di parametri fondamentali per la realizzazione di una buona fotografia, come come ad esempio esposizione, contrasto, bilanciamento del bianco e saturazione dei colori.

Parlare di differenze, difetti e confronti tra sistemi fotografici digitali e analogici è un qualcosa di precario proprio in vista degli innumerevoli sviluppi tecnologici riguardanti gli apparecchi fotografici, ma possiamo dire che il digitale impone anche delle scelte che l'analogico non sempre comportava: la pellicola è stato un sistema che è durato più di un secolo dimostrando una grande stabilità; quando si scatta in digitale bisogna già prevedere che uso faremo dei nostri scatti, quindi prevedere il formato e la grandezza dei file che dobbiamo ottenere, ad esempio se vogliamo utilizzare un'immagine per il web o per la cartellonistica, ma queste sono cose che affronteremo in maniera più diffusa nelle prossime pagine, parlando di pixel, grandezza e qualità delle immagini.

Nonostante la grande praticità e rapidità di lavoro offerta dal sistema di sviluppo digitale, ancora oggi ci sono alcuni fotografi professionisti, soprattutto nel campo dell'architettura e della pubblicità, che prediligono l'utilizzo di pellicole di grande formato (10x12, 13x18, 20x25 cm). In ogni caso possiamo affermare che le differenza che soltanto qualche anno fa potevano essere evidenziate tra sistema fotografico analogico e sistema digitale oggi possono essere considerate quasi del tutto superate, come ad esempio quella che molti fotografi nostalgici dell'analogico sottolineavano come la straordinaria qualità della pellicola nel rendere nitidezza, resa dei passaggi tonali e dei colori e risoluzione. Quello che resta e che resterà sono la straordinaria immediatezza del digitale, la immediata possibilità di controllo degli scatti eseguiti e le straordinarie possibilità di post-produzione che esso comporta e, dall'altro canto, il fascino della camera oscura di chi ama ancora la magia dell'attesa e della "rischiosa" sorpresa.

I tipi di sensori digitali e come funzionano

Il sensore è il fulcro della "rivoluzione" digitale. Come dicevamo, i meccanismi fondamentali delle macchine fotografiche non hanno avuto grossi cambiamenti di fondo, quello che è cambiato è il modo di acquisire le immagini: il sensore delle fotocamere digitali ha sostituito la pellicola delle macchine analogiche.

Il sensore è lo strumento della fotocamera sensibile ai raggi luminosi e in grado di registrare e trasferire i nostri scatti al dispositivo di archiviazione in uso di tale fotocamera.

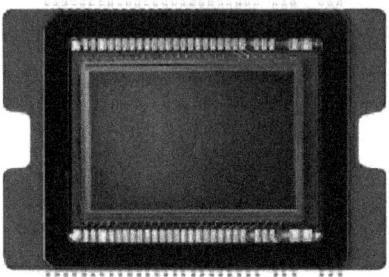

Un sensore digitale

Ogni sensore è composto da un numero incredibilmente elevato di photosite, ossia "quadratini" atti a trasformare i fotoni delle onde luminose in elettroni con carica elettrica di intensità variabile. Ogn'uno di questi photosite corrispondono a una infinitesimale parte della foto. Più è alto il numero dei photosite, maggiori saranno le informazioni registrate dal dispositivo. (C'è da aggiungere che, oltre al loro numero, riveste una grande importanza anche la grandezza dei singoli photosite, ecco spiegato come una fotocamera Reflex ad esempio con un sensore di 18 megapixel è in grado di fare foto qualitativamente superiori rispetto alla fotocamera interna a un cellulare, magari di 24 megapixel, anche in condizioni caratterizzate da scarsa luminosità). Ogni singolo photosite da luogo a un pixel (Picture Element), che è il componente più piccolo della fotografia digitale, equivalente a quello che è un granello di argento sensibile alla luce della pellicola delle macchine analogiche.

L'informazione di ogni singolo pixel viene misurata in bit (binary Digit), unità minima del sistema binario dei nostri computer (0-1, ossia spento-acceso) per archiviare e visualizzare qualsiasi tipo di dato.

Com'è fatto un sensore?

Come dicevamo, la superficie del sensore è ricoperta da una griglia di microscopici elementi chiamati photosite. Ogn'uno di questi photosite rappresenta un pixel della fotografia, quindi, una fotocamera che produce immagini di 20 milioni di pixel, avrà un sensore con una superfice ricoperta da circa 20 milioni di photosite.

Uno dei componenti fondamentali del photosite è il fotodiodo, il quale trasforma la luce in una carica elettrica: maggiore sarà la luce che colpirà il photosite e più intensa sarà la sua carica elettrica.

I photosite registrano i livelli di luce della scena catturata e li convertono in cariche elettriche di maggiore o minore intensità che sono poi amplificate e inviate a un convertitore che si occuperà della conversione da analogico a digitale.

I colori

I photosite registrano unicamente l'intensità della luce, ma non le sue differenti lunghezze d'onda, quindi non sono in grado di registrare i colori.

Per ottenere un'immagine a colori, fu ideato un sottilissimo filtro da applicare sullo strato dei fotodiodi, il Colour Filter Array (CFA), un mosaico di quadrati rossi, verdi e blu nel quale ogni singola tessera è ubicata sopra un fotodiodo, permettendo in tal modo a ogni singolo photosite di registrare le varie intensità di rosso, verde e blu.

(RGB = red, green, blue: i tre colori primari della sintesi additiva dalla cui fusione si ottengono tutti gli altri colori).

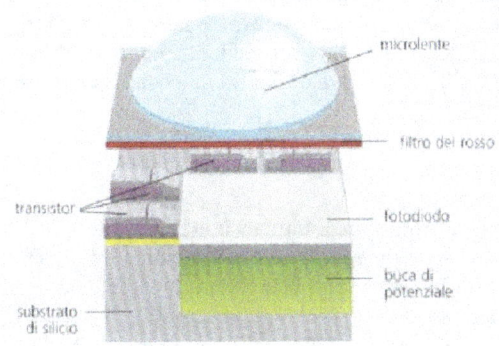

Singolo photosite

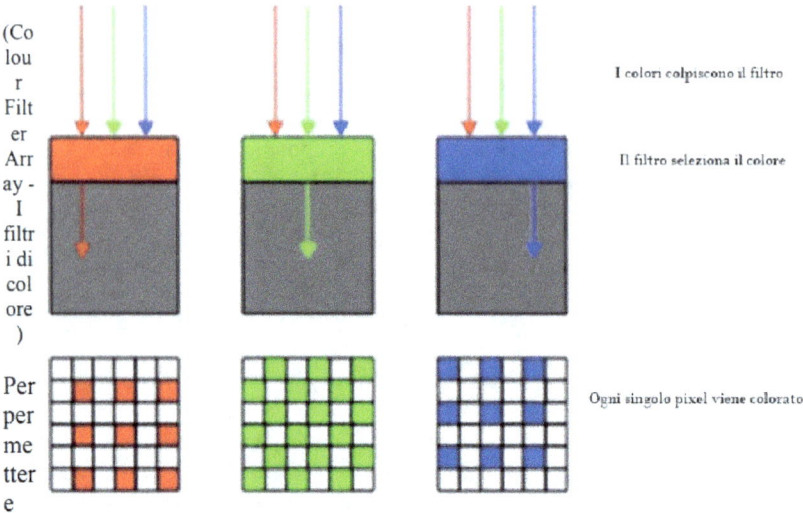

l'ottenimento di uno spettro di colori quasi completo, il sensore della macchina analizza colore e intensità di ogni photosite e li confronta con il colore e l'intensità dei photosite adiacenti, in maniera da interpolare e valutare colori quanto più precisi possibili per ogni pixel. Questo viene chiamato "processo di interpolazione", e indica il modo con il quale ogni pixel dell'immagine finale mostrerà uno dei 16,7 milioni ci colori possibili.

Ultimato il processo d'interpolazione, prima di essere salvata sulla scheda di memoria, a seconda alle impostazioni e le potenzialità offerte dalla fotocamera, l'immagine viene sottoposta a ulteriori elaborazioni atte ad apportare migliorie ai colori e alle loro tonalità, a stabilire ottimali luminosità e contrasto e anche a donarle maggiore nitidezza.

I principali tipi di sensore

Quasi tutti i modelli di fotocamere digitali utilizzano due tipi di sensore a matrice, ossia dove i photosite sono disposti in una matrice organizzata un po' come un foglio a quadretti: il CMOS (Complementary Metal Oxide Semiconductor) e il CCD (Charge-Coupled Device).

Questi due tipi di sensori sono molto simili e catturano entrambi l'immagine nella maniera sopradescritta; l'unica cosa che li differenzia risiede nel modo di processare le informazioni ricevute da ogni photosite.

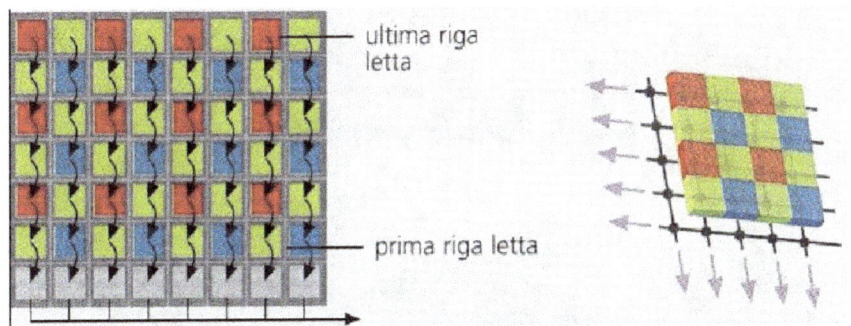

(Sulla sinistra, un sensore CCD "accoppiato" - Sulla destra, un sensore CMOS ad amplificatori singoli per ogni photosite)

Un sensore CCD è caratterizzato da righe di photosite collegate, o "accoppiate": una volta scattata la fotografia il valore di carica accumulato dal singolo photosite è trasmesso riga per riga per poi venire letto a un angolo del sensore prima di essere eliminato. I valori risultanti sono poi trasmessi ad un chip che provvede alla conversione analogico-digitale.

Un sensore CMOS possiede photosite muniti ogn'uno dei propri amplificatori e circuiti: il valore di carica può quindi essere letto dal singolo photosite e da qui venire direttamente trasferito al convertitore analogico-digitale.

Entrambi i sensori hanno i loro pro e i loro contro: il CCD, il tipo più diffuso tra i due, fino a poco tempo fa era considerato il migliore nel raccogliere la luce e nel produrre immagini di qualità più elevata. I CMOS erano più economici e necessitavano di minore energia per funzionare. Attualmente, grazie allo sforzo dei produttori, possiamo dire che le differenze qualitative tra i due tipi di sensore sono diventate impercettibili se non nulle.

I sensori triliniari dei dorsi digitali adattabili su fotocamere analogiche di grande formato e utilizzati negli scanner, sono costituiti da pixel disposti in tre file verticali, una per ogni colore primario RGB, (Red, green, blue, ossia Rosso, verde e blu) che, come una fotocopiatrice si muovono sull'intera superficie di scansione per acquisire l'immagine con una sola passata.

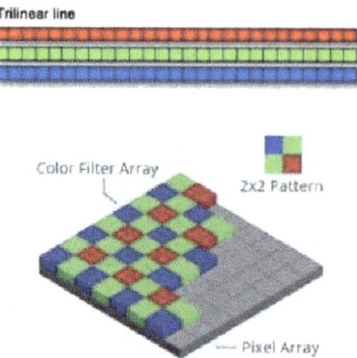

Questo tipo di sensore permette una elevatissima qualità, ma presenta il grosso limite di un'altrettanta lentezza di scansione, quindi può essere utilizzato solo su apparecchi immobili e in studi fotografici muniti di illuminazione continua.

Il sensore Foveon è presente solo negli apparecchi della giapponese Sigma. Caratteristica peculiare di questo tipo di sensore è di avare sulla sua intera superficie tre strati sovrapposti in grado di catturare i tre colori primari RGB.
Questo tipo di sensore presenta la straordinaria capacità di cogliere le sfumature continue dei colori sull'intera area del fotogramma.

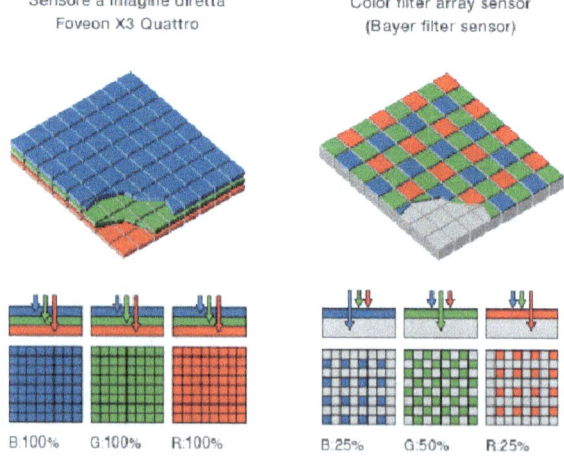

Si spende molta, forse troppa attenzione sul numero dei pixel offerti dai vari modelli di fotocamere, ma, prima dell'acquisto di una fotocamera, bisognerebbe considerare anche un altro aspetto fondamentale, ossia le "dimensioni dei sensori", che influiscono enormemente sulla qualità delle immagini finali.

A volte capita di vedere sul mercato macchine fotografiche che offrono entrambi foto da 20 mega pixel, modelli anche con prezzi molto diversi tra loro, questo innanzitutto perché non vuol dire che due fotocamere in grado di produrre ad esempio immagini di 20 megapixel siano necessariamente fornite da sensori di medesime dimensioni.
Sensori piccoli hanno photosite piccoli: per far entrare 20 milioni di photosite in un sensore molto piccolo i photosite devono per forza di cose avere dimensioni molto ridotte.
I photosite, più piccoli sono e minore sarà la loro sensibilità alla luce: non riescono a catturare le differenze tonali nelle aree più buie della scena e tendono ad interferire tra loro, producendo molto "rumore" soprattutto quando si utilizzeranno valori ISO elevati.
Un telefonino munito di fotocamera da 20 megapixel, per quanto avanzato sia, non riuscirà mai a produrre foto della qualità di una reflex da 16 megapixel con sensore 23,5 x 15,7 mm o meglio ancora di una reflex di 16 megapixel munita di sensore full frame (36 x 24 mm).

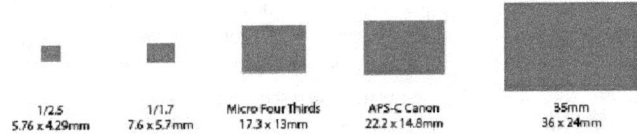

| 1/2.5 | 1/1.7 | Micro Four Thirds | APS-C Canon | 35mm |
| 5.76 x 4.29mm | 7.6 x 5.7 mm | 17.3 x 13mm | 22.2 x 14.8mm | 36 x 24mm |

(I formati più diffusi di sensori)

I principali tipi di fotocamere digitali

Fotocamere compatte monocorpo

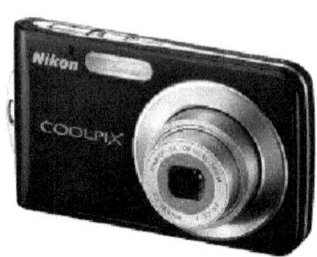

Le fotocamere compatte sono state le più vendute nei primi anni dell'avvento del digitale in fotografia. Oggi possiamo affermare che sono state in gran parte sostituite dalle strabilianti fotocamere inserite negli attuali smartphone, dal basso, e, dall'alto, dalle comparsa delle mirrorless che a quasi parità d'ingombro offrono delle straordinarie potenzialità, in molti casi pari a quelle offerte dalle reflex.

I loro pregi sono l'economicità, la facilità d'uso e l'estrema maneggevolezza. Chi acquista una fotocamera compatta non ha particolari intenti artistici, ma ha la semplice necessità di registrare immagini, video nel modo più facile possibile con la comodità di una fotocamera dalle dimensioni ridotte. Le compatte, soprattutto quelle di qualità superiore, riscuotono ancora un ottimo successo tra chi ha voglia di scattare inosservato e sono spesso usate nell'ambito del fotogiornalismo.

Tra i difetti c'è quello di consentire una limitata scelta tra i parametri di scatto e una non sempre agevole organizzazione di tali parametri: spesso per modificare le impostazioni bisogna accedere a menu e sotto menu. In ogni caso il fotografo quasi con tutti i modelli di compatte potrà impostare il bilanciamento del bianco, compensare l'esposizione o modificare la sensibilità ISO.

Altro limite delle compatte è dato dal fatto che non è possibile cambiare obiettivo. Solitamente hanno un'ottica di tipo zoom in grado, a seconda del modello, di coprire un intervallo di focali più o meno ampio. Sono di solito zoom non di elevata qualità che risultano soddisfacenti nelle situazioni più comuni, ma che fanno vedere i propri limiti soprattutto nelle focali estreme; zoom spesso non sufficienti a coprire grandi distanze o altre particolari esigenze compositive.

Con alcune di queste macchine le possibilità creative sono molto limitate dal fatto di non avere un pieno controllo sulla messa a fuoco, sull'esposizione e su altri parametri fondamentali per chi vuole avere il pieno controllo dei propri scatti. Inoltre le ridotte dimensioni dei sensori montati in queste macchine fa si che la qualità delle immagini sia solitamente inferiore rispetto a quelle ottenibili dalle fotocamere reflex o mirrorless.

Le microcamere

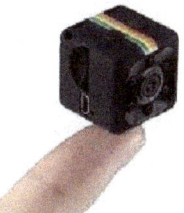

Un altro "nemico" delle fotocamere compatte si è fatto vedere sulla linea dell'orizzonte negli ultimi anni: le microcamere!
Lo straordinario progresso tecnico nel campo della fotografia degli ultimi anni ha portato a una estrema possibilità di miniaturizzazione dei dispositivi e all'abbassamento dei prezzi ha permesso la diffusione su un mercato sempre più ampio delle microcamere, dispositivi che stanno sul palmo di una mano, montate sul casco di un paracadutista o sull'abitacolo di una macchina di Formula 1 in grado di registrare immagini in altissima qualità e video in 4K.

Le reflex

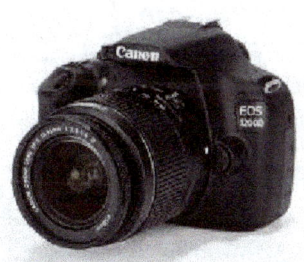

Le reflex, o DSLR (Digital Single Lens Reflex) sono il punto di riferimento per i fotografi professionisti e per i fotoamatori più esigenti.
Il mirino ottico, formato da uno specchio e da un pentaprisma, in grado di restituire l'inquadratura così come verrà catturata dal sensore rappresenta la loro caratteristica principale.
Le attuali fotocamere reflex danno anche la possibilità di inquadrare anche in modalità live view, ossia utilizzando lo schermo LCD della fotocamera, funzione molto comoda quando ad esempio si scatta su cavalletto e con lo scatto a distanza.

Altra caratteristica fondamentale che distingue le reflex dagli altri tipi di fotocamera consiste nella possibilità di cambiare gli obiettivi, consentendo in tal modo di affrontare al meglio qualsiasi esigenza del fotografo, dalla necessità di un'ottica super tele per una cattura accurata della luna, all'utilizzo di un obiettivo grandangolare per non perdere un suggestivo paesaggio in tutta la sua ampiezza.

Le reflex consentono un pieno controllo su tutti i parametri di scatto. La straordinaria libertà e la velocità con la quale è possibile impostare le funzioni della fotocamera e dell'obiettivo rendono questo tipo di fotocamere il miglior alleato per chi vuole avere il più ampio controllo possibile sui propri scatti. Al contempo anche le fotocamere reflex possono essere impostate in modalità totalmente automatica o in modalità semiautomatiche.

I sensori delle reflex sono più grandi e consentono risultati di qualità nettamente superiore. Le reflex in pieno formato, o full-frame, hanno un sensore pari a quelli dei vecchi negativi 35mm, ossia di 24x36mm, mentre le reflex di fascia medio-bassa hanno sensori ridotti, 23,6x15,7mm (più piccoli nelle reflex Canon) comunque in grado di assicurare ottimi risultati.

Gli unici inconvenienti che si possono evidenziare riguardo alle fotocamere reflex sono ingombro e peso maggiori, il fatto che quando si scatta non si passa inosservati e, naturalmente, l'elevato prezzo che, a seconda dei modelli, possono raggiungere il corpo macchina e gli obiettivi.

Le fotocamere bridge

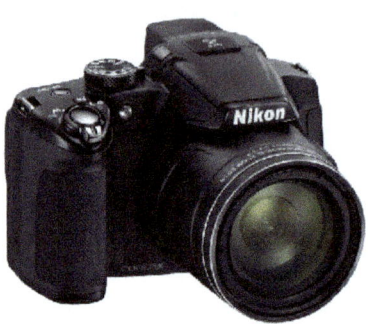

Nate come una scelta intermedia tra le compatte e le reflex, le fotocamere bridge hanno un aspetto simile alle reflex, ma generalmente dimensioni e peso ridotti.

Caratteristica fondamentale di questa tipologia di fotocamere è quello di avere un ottica non intercambiabile con un'escursione focale molto elevata in grado di coprire un po' ogni tipo di situazione di scatto.

Fatte le dovute eccezioni, con queste macchine la qualità dell'immagine ottenibile si avvicina più a quella delle compatte che a quella delle reflex, però rispetto alle fotocamere compatte, le bridge offrono una maggiore libertà nella scelta dei parametri di scatto e obiettivi capaci di estensioni focali davvero ragguardevoli con scelte relative al tempo di posa e di apertura del diaframma però alquanto limitate rispetto a quelle permesse dalle fotocamere reflex.

Le fotocamere mirrorless

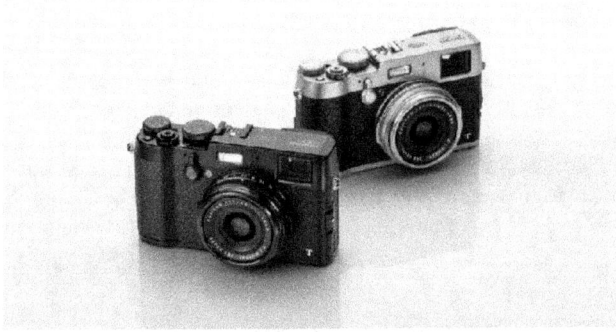

Le fotocamere mirrorless sin dalla loro apparizione sono state percepite come una fondamentale innovazione nel settore della fotografia digitale.
Già dal nome "Mirrorless", cioè "senza specchio" è possibile individuare la differenza che separa questa tipologia di fotocamere dalle reflex.
L'assenza dello specchio e del pentaprisma permette a queste fotocamere di mantenere dimensioni e peso molto ridotti rispetto alle reflex, offrendo al contempo prestazioni del tutto simili a quelle delle reflex.
Anche le mirrorless permettono di cambiare le ottiche, consentendo così di poter affrontare tutte le esigenze di scatto.
Altra caratteristica di questo tipo di fotocamera è la mancanza di mirino ottico: alcune mirrorless sono munite di mirino elettronico, in altre di fascia più economica è possibile inquadrare soltanto dallo schermo LCD.
Per quel che riguarda la qualità dei sensori possiamo dire che come le reflex anche le mirrorless presentano sia modelli entry-level con sensore APS-C (23,6x15,7mm), sia sensori full-frame da 24x36mm.
La straordinaria qualità offerta dalle mirrorless ha fatto sì che sempre più fotografi professionisti si stiano avvicinando a queste fotocamere che possono essere considerate attualmente come il settore più ricco d'innovazione nel campo della fotografia digitale.

I fotoamatori più esigenti da qualche tempo sono stati posti davanti a una scelta: Reflex o Mirrorless?

Dopo circa un decennio dall'uscita sul mercato delle fotocamere mirrorless digitali, possiamo affermare che non è solo una questione di dimensioni! Vediamo un po' di caratteristiche e di peculiarità che ci possono aiutare a orientarci nella nostra scelta.

Dimensioni e peso:
A tal riguardo non c'è alcun dubbio: la mancanza dello specchio e di conseguenza la riduzione dello spazio che intercorre tra l'obiettivo e il sensore, rende le mirrorless imbattibili.

Anche nella loro lunghezza le mirrorless risultano meno ingombranti, dato che in molti casi hanno un sensore più piccolo rispetto a quello in dotazione nelle reflex full frame, il quale non necessita di grandi ottiche per essere illuminato.

A tal proposito è comunque curioso constatare che, grazie agli incessanti progressi tecnici, le reflex si fanno sempre più compatte e le mirrorless tendono ad ingrandirsi per poter ospitare sensori full frame e conseguentemente obiettivi dalle dimensioni più importanti.

I sensori:
Più è grande il sensore e più sarà buona la foto, (anche se in verità la luminosità dipende in gran parte dalla qualità delle lenti montate).

Le fotocamere dotate di sensore full frame (35x24 mm) in teoria sono quelle che offrono la maggiore qualità.

Per chi scatta molte foto in condizioni caratterizzate da scarsa luminosità consiglio l'acquisto di una reflex, dato che le mirrorless full frame possono costare molto di più.

Il mirino:
Il mirino delle reflex resta ancora il migliore, dato che permette la ripresa della scena con un grado di realismo molto elevato.

I produttori delle mirrorless negli ultimi anni hanno comunque compiuto passi da gigante, offrendo una valida alternativa ai mirini reflex, ossia i mirini elettronici EVF che presentano una definizione e una reattività davvero strabilianti.

Bisogna però prendere in considerazione il fatto che i mirini elettronici EVF sono una componente in più da "sfamare" e questo potrà ripercuotersi negativamente sulla durata della batteria.

Autofocus:
Le reflex, le quali sono munite di specchio, inviano parte della luce ai sistemi di rilevamento di fase AF; le mirrorless in genere si affidano ai più limitati sistemi basati sulla misurazione del contrasto, un po' come accade nelle fotocamere compatte; lo

stesso accade per misurare l'esposizione automatica. Soprattutto per coloro che effettuano scatti sportivi, questo può costituire una grave limitazione.

In ogni caso, grazie agli strabilianti progressi tecnici, le mirrorless di ultima generazione presentano al riguardo delle funzionalità davvero uniche, come ad esempio il "focus peaking o l'ingrandimento digitale della porzione dell'immagine che dovrà essere messa a fuoco, in grado di offrire davvero una valida alternativa ai sistemi di autofocus presenti nelle reflex.

Le ottiche:
La scelta delle ottiche a disposizione delle fotocamere reflex è davvero insuperabile, comunque negli ultimi anni il mercato delle mirrorless sta colmando il gap al riguardo.

Alcuni produttori mirrorless come Sony e Panasonic presentano un parco ottiche davvero completo, anche se le ridotte dimensioni delle lenti e il loro elevato potere di risoluzione, per permettere foto di alta qualità anche con un sensore ridotto, le rendono abbastanza costose.

Bisogna considerare comunque che, grazie agli adattatori, possiamo montare sia sulle reflex che sulle mirrorless delle ottiche vintage, naturalmente perdendo le funzioni di autofocus e altri eventuali automatismi.

Per i videomaker
I fattori che ogni videomaker dovrebbe considerare sono la risoluzione della fotocamera, il fattore di compressione offerto, la presenza di ottiche motorizzate e l'ingresso per un microfono esterno.
Per quel che riguarda i videomaker, l'impressione è che le mirrorless si stiano affermando più velocemente rispetto al mondo dei fotografi.

In conclusione possiamo dire che uno street photographer potrebbe optare per una mirrorless, compatta e facile da portare con se, magari munita di un "pancake", ossia un ottica fissa supercompatta. Chi invece lavora con la fotografia sportiva, la fotografia ritrattistica, o comunque si trova spesso a dover lavorare in tutte quelle situazioni nelle quali necessita di un autofocus quanto più affidabile possibile, un mirino ottico e la sopportazione agli alti ISO è preferibile che scelga una fotocamera reflex, magari full frame.

A tal proposito c'è da aggiungere un'altra cosa: troppo spesso leggiamo articoli che esaltano i sensori full frame rispetto ai sensori Aps-C, ma ricordatevi che viene meglio una foto con una reflex entry level munita di sensore ridotto Aps-C sulla quale è montata una ottica di buona qualità, rispetto ad una foto scattata con una fotocamera con sensore full frame sulla quale è montata un'ottica scadente.

Ci sono inoltre alcuni fattori che dovremmo considerare prima dell'acquisto, come la durata, il costo e la facile reperibilità delle batterie, le dimensioni del monitor LCD, la possibilità di montare flash e microfoni esterni e la capacità di "dialogare" con il computer.

Com'è fatta una fotocamera digitale e come funziona

Tutte le fotocamere sono costituite da una serie di componenti costanti.

Le parti principali sono il corpo macchina e l'obiettivo. Poi ci sono comandi essenziali per poter personalizzare i nostri scatti che regolano l'otturatore, il diaframma e la sensibilità ISO.

In tutti i corpi macchina c'è un esposimetro, un mirino, un sensore e uno schermo LCD.

Le casse delle macchine fotografiche sono di solito costruite con polimeri plastici, materiali che permettono di ridurre peso e costi, tranne alcuni modelli di punta che sono realizzati con materiali metallici in grado di garantire una maggiore robustezza.

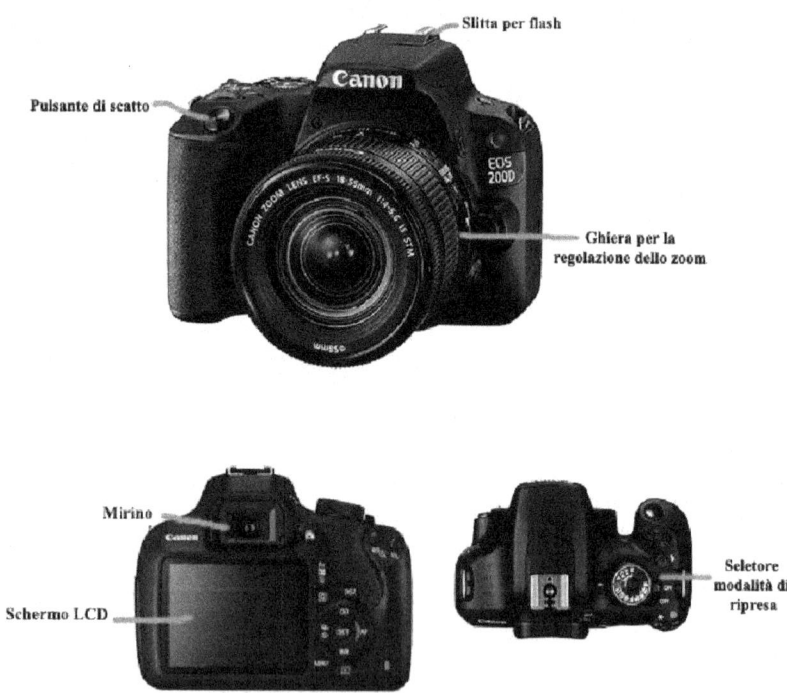

I principali formati dei file immagine

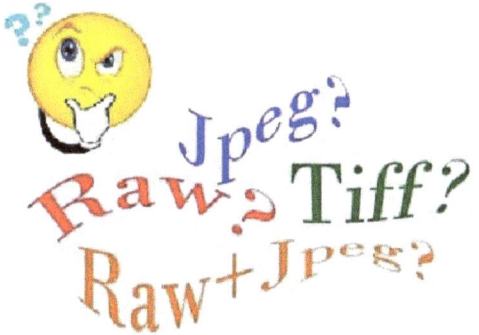

Una volta rilasciato il pulsante di scatto, la luce raggiunge il sensore della vostra fotocamera e viene subito convertita in informazioni digitali.

Al fine di poter essere poi utilizzata, e utilizzata al meglio, l'immagine deve essere correttamente formattata, ovvero deve essere salvata già prevedendo l'eventuale utilizzo e il canale di trasmissione scelto "per rendere la nostra fotografia nota al mondo".

Conoscere un po' i vari formati digitali e le relative impostazioni riguardo alla loro qualità farà in questa faccenda al caso nostro.

Anche se spesso siamo un po' confusi dalle sigle tecniche dei vari formati, vedremo subito che si tratta di un argomento davvero molto semplice.

Ecco i tre formati più diffusi e utilizzati:

JPEG, il formato più utilizzato grazie alla sua grande versatilità, prende il suo nome dall'acronimo "Joint Photographic Expert Group", in riferimento alla commissione che lo ha sviluppato, e si pronuncia "gei-peg".

Il JPEG è un formato in grado di comprimere e ridurre le dimensioni dei file immagine, consentendo in tal modo di far entrare più fotogrammi nella scheda di memoria e di renderli più "leggeri" per un loro eventuale invio telematico o utilizzo in rete.

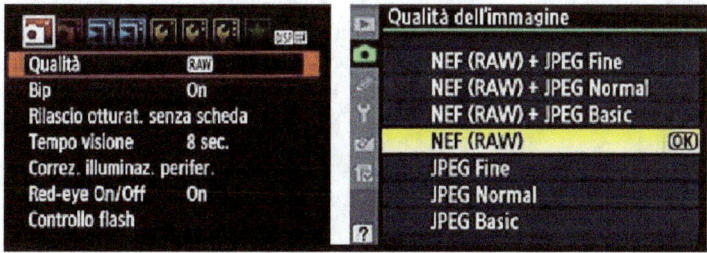

Tutte le fotocamere digitali e i telefoni cellulari salvano in JPEG, consentendo altresì di scegliere il livello di compressione applicato al file, spesso espresso con i termini: "High-Medium-Low/Basic". Più sarà elevato il livello di compressione e maggiori informazioni dell'immagine andranno perse.

A stabilire quali pixel dell'immagine possono essere eliminati senza compromettere eccessivamente la qualità del fotogramma sono preposti sofisticati algoritmi d'interpolazione. Tale procedura è nota come "compressione dati con perdita d'informazione".

Il formato JPEG consente le modifiche in postproduzione, ma quello che bisogna tenere sempre ben presente è che a ogni modifica e salvataggio si perderanno informazioni dell'immagine.

Oramai con pochi soldi è possibile acquistare schede di memoria di diversi gigabyte, quindi il mio consiglio è quello di scattare impostando il livello minimo di compressione. In postproduzione sarà sempre possibile, anche attraverso l'utilizzo della maggior parte dei programmi gratuiti, ridurre il peso digitale dell'immagine e si avrà sempre a disposizione una copia di elevata qualità.

Qualità registraz. immagine	Formato file	Dimensioni file in pixel e MB	Dimensioni stampa
Large/Fine	JPEG	3,504 x 2,336 (3.6MB)	A3 o maggiore
Large/Normal	JPEG	3,504 x 2,336 (1.8MB)	A3 o maggiore
Medium/Fine	JPEG	2,544 x 1,696 (2.2MB)	A5 > A4
Medium/Normal	JPEG	2,544 x 1,696 (1.1MB)	A5 > A4
Small/Fine	JPEG	1,728 x 1,152 (1.2MB)	A5 o inferiore
Small/Normal	JPEG	1,728 x 1,152 (0.6MB)	A5 o inferiore
RAW	RAW	3,504 x 2,336 (8.7MB)	A3 o maggiore

(Qualche esempio di qualità di registrazione con annesso formato di stampa consentito)

Il formato **TIFF**(.Tif; .tif – Tagged Image File Format) è di rado presente nelle opzioni di salvataggio delle fotocamere, ma è un formato utilissimo perché, al momento del salvataggio dei file, non si perde nessuna informazione. (Ma niente paura, quasi tutti i programmi di ritocco fotografico consentono il salvataggio in questo formato).

È un formato di file senza perdita di dati nelle fasi di modifica delle immagini, e per tale ragione è considerato"lo standard commerciale per eccellenza", avendo una qualità di stampa davvero elevata. I cartelloni pubblicitari per strada, per intenderci, sono stampe di immagini salvate in formato TIFF.

Il **RAW**, presente nelle fotocamere più sofisticate, è il formato più utilizzato dai professionisti e dai fotoamatori più esigenti che intendono avere grande libertà al momento della post-produzione. In inglese significa "grezzo, spurio". Questi file includono unicamente i dati non elaborati, così come sono stati registrati dal sensore della fotocamera.

I vari modelli e le varie marche di macchine fotografiche avranno estensioni diverse: ad esempio la Canon utilizza l'estensione ".CR2", la Nikon l'estensione ".NEF" e in altre marche di fotocamere s'incontreranno altre estensioni, ma sempre di Raw stiamo parlando.

Il vantaggio di salvare in tali estensioni Raw sarà quello sia di avere il pieno controllo in sede di postproduzione sia di non perdere dati. Per talune opzioni in fase post-produttiva sarà quasi come se fossero state eseguite prima dello scatto.

Si avrà un controllo maggiore e più accurato nella fase delle modifiche e delle regolazioni sui valori di contrasto, luminosità, colore, messa a fuoco, tonalità e così via. Si avranno aree intatte e ricche di dettaglio che solo i file non elaborati possono consentire e sarà più agevole lavorare in quelle aree difficili e spesso impossibili come quelle caratterizzate da elevati livelli di luce o di ombra.

Insomma conviene scattare in Raw quando si sa che le immagini dovranno subire un processo più o meno elaborato in sede di post-produzione.

In seguito all'editing le immagini dovranno poi essere salvate in Tiff o Jpeg per poter essere condivise. Ogni fotocamera include nel kit di vendita software per la lettura e l'elaborazione delle proprie estensioni Raw. Anche l'attuale visualizzatore di Windows riesce a leggere, modificare e salvare i principali formati Raw.

I modelli più sofisticati di fotocamera come le reflex e alcune bridge, offrono l'opzione di salvataggio **RAW+JPEG**. Optando per tale scelta, la fotocamera salverà ad ogni scatto due fotografie: una per così dire "già pronta all'uso" in JPEG e un'altra nel formato RAW (grezzo) per la post-produzione.

Pixel e risoluzione: le impostazioni ottimali per i differenti usi dell'immagine

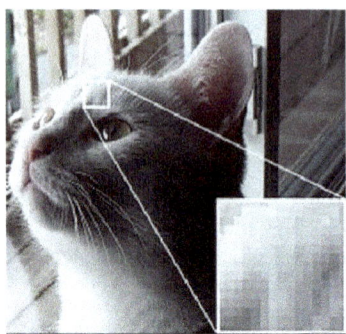

Ogni immagine digitale è composta da blocchi chiamati "pixel", abbreviazione di "picture elements". Per scovarli basta semplicemente ingrandire l'immagine e, al massimo livello d'ingrandimento consentito dalle sue dimensioni, appariranno dei quadratini, i pixel, appunto.

Ogni singolo pixel contiene informazioni inerenti il suo colore, l'intensità di quel colore e il suo grado di luminosità.

Queste informazioni vengono abitualmente denominate "HSB", sigla di "Hue, Saturation, Brightness" (Tonalità, saturazione e luminosità).

Quando guardiamo un'immagine digitale di buona o media qualità non percepiamo i pixel ad occhio nudo, ma soltanto i graduali cambiamenti di luci e ombre, di tono e colore, in un percorso visivo "delicato", caratterizzato da toni continui.

La risoluzione, la qualità e la resa dei dettagli di un'immagine digitale sono determinate dal suo numero di pixel. Di solito si parla di milioni di pixel: ad esempio la sigla "20 MP" (megapixel) equivale a 20 milioni di pixel.

Anche le dimensioni massime di stampa consentite di un'immagine sono strettamente correlate al numero di pixel che la compongono. Per tale ragione la risoluzione è un elemento fondamentale per determinare la qualità di un'immagine digitale, anche se non è l'unico.

La risoluzione per la stampa di un'immagine digitale si misura in "pixel per inch" (PPI), che in italiano potremmo tradurre come "pixel per pollice".

300 PPI è la risoluzione standard per ottenere stampe di buona qualità .

È abbastanza semplice calcolare le dimensioni di stampa massime consentite dalla nostra fotocamera. Ad esempio per calcolare le dimensioni di stampa di un'immagine composta da 12 milioni di pixel ("12MP" mega pixel), scattata con una fotocamera con un sensore 4,288 x 2,848 (12 milioni di pixel in totale), è sufficiente dividere

4,288 e 2,848 per 300ppi e si otterrà 19 pollici e 14 pollici, che tradotti in centimetri saranno 37 x 24 cm.

Riporto una tabella che potrà semplificarci il compito

Mega-pixels	Print Size 300ppi	Print size 200ppi	Print size 150ppi	Pixel Resolution
3	7 x 5	10 x $7^{.5}$	$13^{.5}$ x 10	2048 x 1536
4	8 x $5^{.5}$	12.5 x 8	$16^{.5}$ x 11	2464 x 1632
6	10 x $6^{.5}$	15 x 10	20 x $13^{.5}$	3008 x 2000
8	11 x 8	$16^{.5}$ x 12	22 x $16^{.5}$	3264 x 2448
10	13 x $8^{.5}$	$19^{.5}$ x 13	26 x $17^{.5}$	3872 x 2592
12	$14^{.5}$ x $9^{.5}$	$21^{.5}$ x 14	$28^{.5}$ x $18^{.5}$	4290 x 2800
16	$16^{.5}$ x 11	$24^{.5}$ x $16^{.5}$	33 x 22	4920 x 3264

Bisogna tener presente che 300ppi è lo standard ottimale di stampa, ma è un qualcosa che dipende molto ad esempio dalle dimensioni della stampa, dalla stampante utilizzata e dalla distanza dalla quale devono essere visualizzate le immagini (le stampe di una certa grandezza vanno naturalmente guardate da una distanza maggiore). In molti casi potrebbero essere considerare soddisfacenti stampe con risoluzione di 200ppi o addirittura inferiori come di 150ppi.

Le risoluzioni standard per la visualizzazione da schermo sono di 72ppi per i sistemi Windows e 96ppi per i sistemi Machintosh; quindi in questo caso sono necessari livelli di risoluzione decisamente più bassi di quelli richiesti per ottenere rese di qualità nel processo di stampa .

Ad esempio, con una risoluzione dello schermo impostata a 1024 x 768 pixel, basterà che l'immagine abbia una risoluzione di 1024 x 768 pixel per essere visualizzata a schermo in maniera ottimale e per adattarsi perfettamente alle dimensioni dello schermo.

In alcuni casi, soprattutto nei manuali delle stampanti, troviamo la singla "DPI" che può un po' confonderci. "DPI" significa "Dots per inch", ossia "punti per pollice": i punti d'inchiostro che una stampante imprime nello spazio di un pollice. Ma non lasciamoci confondere da queste sigle un po' pubblicitarie da produttori e per i nostri calcoli riferiamoci unicamente allo standard del PPI (pixel per inch).

Quasi la totalità dei colori di un'immagine digitale sono formati dalla combinazione dei tre colori primari additivi: rosso verde e blu ("RGB" – Red, green, blue).

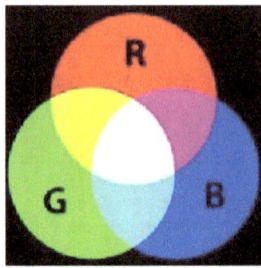

Ogni uno di questi tre colori ha nella maggior parte dei casi 256 sfumature differenti (che vanno misurate da 0 a 255).

Nel linguaggio digitale ogni uno di questi colori viene denominato "canale", quindi un'immagine digitale che ingloba 16,7 milioni di colori possiede 8 bit per canale o, se si conta la somma totale dei tre colori, 24 bit colore.

"Bit" si riferisce a "binary digit" (numero binario), l'unità fondamentale in informatica, che si basa su un sistema di calcolo binario nel quale, come dicevamo, "0" equivale a spento e "1" equivale ad acceso.

Ad esempio, ragionando un po' per assurdo, un'immagine composta da un unico bit sarebbe costituita da un "0" (spento, o nero) oppure da un "1" (acceso, o bianco); un immagine composta da due bit sarebbe formata da "00" (nero), "11" (bianco) e "01" (grigio medio), oppure da "10" (un grigio con una tonalità diversa).

Quando giungiamo a 8 bit per colore abbiamo 256 tipi di bianco, grigio e nero differenti.

Se sostituiamo il bianco, il grigio e il nero con i colori primari additivi rosso verde e blu si otterrà una grande combinazione di colori formata da 256 varietà di rosso, 256 varietà di verde e 256 varietà di blu, e la loro moltiplicazione avrà un totale di 16,7 milioni di colori.

Più avanti torneremo in maniera più diffusa su tale argomento.

Tutto quello che bisogna considerare quando si scatta in modalità manuale

Molti di voi si staranno chiedendo: "Perché devo scattare in modalità manuale quando la mia reflex o la mirrorless mi da ottimi risultati anche in modalità automatica o semi-automatica?".

Ci sono mille risposte semplici da potervi dare, ad esempio perché la modalità creativa da appunto spazio a tutta la nostra inventiva, perché non sempre la luce che vorremmo viene resa in uno scatto eseguito nelle modalità assistite o semi- assistite.

Poi bisogna considerare anche che, dopo aver eseguito un'infinità di pose in modalità automatica, ci si rende conto che siamo stanchi dell'imprevedibilità di molti dei nostri scatti, vogliamo crescere e incominciare ad acquisire pieno controllo su esposizione, profondità di campo e messa a fuoco, o vogliamo creare effetti suggestivi semplicemente regolando il tempo di esposizione , magari evidenziando il trascorrere del tempo in un'immagine di un fiume che scorre, o di rami percorsi dal vento attraverso un suggestivo "effetto seta".

L'argomento è davvero vastissimo, per ora ci soffermiamo soltanto sulle opzioni che una reflex ci mette a disposizione per la modalità manuale e su qualche altro aspetto da tener presente per poter avere un buon controllo creativo nei nostri scatti.

Per prima cosa bisogna tenere a mente che nella vita non bisogna mai avere il timore di sbagliare per non precludersi la sorpresa e la bellezza degli errori e dei successi, e quindi impostate la ghiera della macchina su "M" e, se vi va, continuate a leggere questo breve paragrafo.

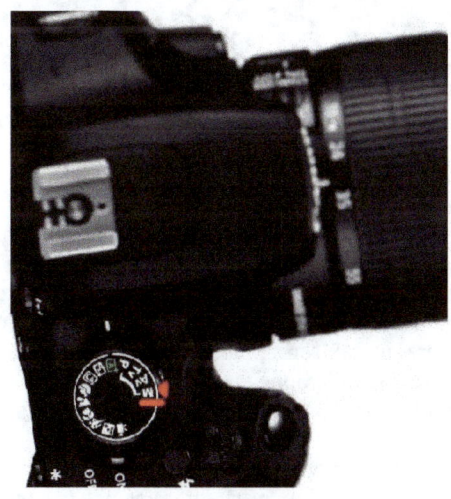

Forse il principale aspetto in una fotografia è quello connesso all'**esposizione**, ossia quell'aspetto che fa si che una foto risulti troppo chiara, troppo, scura o "perfetta", ma questo ultimo risultato è sempre soggettivo.

Le regolazioni che gestiscono l'esposizione sono tre: il **tempo di otturazione**, ossia l'opzione che vi fa decidere per quanto tempo il sensore della vostra macchina sarà esposto alla luce. Questa opzione viene molto utilizzata anche per catturare il trascorrere del tempo nelle nostre immagini: con lunghi tempi di otturazione è addirittura possibile cancellare passanti e autovetture, ad esempio per poter cogliere un monumento su una strada molto trafficata, o disegnare con la luce;

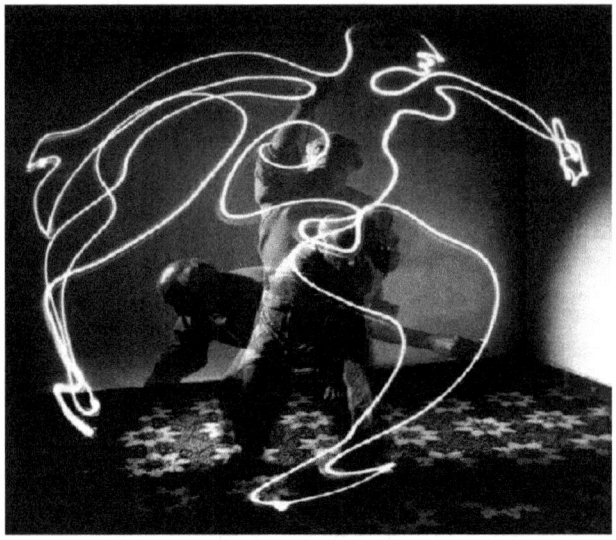

(Disegno con la luce e resa del tempo in questo particolarissimo ritratto di Pablo Picasso del famoso fotografo Gjon Mili)

l'**apertura del diaframma,** che vi farà decidere la quantità di luce che colpirà il sensore (aspetto questo, aimè, anche molto legato al costo dell'obiettivo montato, per quel che riguarda le reflex: più sono chiare le lenti, maggiore è l'apertura del diaframma consentita e, naturalmente, più è alto il loro prezzo), e l'**ISO** che definisce la sensibilità del sensore alla luce (nonostante i prodigiosi progressi tecnici delle attuali fotocamere in tal senso, opzione questa da usare con la massima parsimonia per evitare una grana troppo elevata, aspetto suggestivo nelle vecchie foto su pellicola, ma dai risultati quasi sempre orripilanti nelle attuali immagini digitali).

Subito dopo l'esposizione, forse va analizzata la **profondità di campo,** aspetto che regola la zona di nitidezza di una fotografia: un'immagine con una profondità di campo ridotta ha una zona ristretta di nitidezza, mentre una fotografia con una profondità di campo ampia è caratterizzata da una grande zona di nitidezza.

Ci sono tre fattori che regolano la profondità di campo: l'**apertura del diaframma**, ossia le dimensioni dell'apertura dell'obiettivo: un'apertura grande corrisponde ad un numero basso, come ad esempio f/2.8 e creerà una profondità di campo ridotta, mentre un apertura stretta dell'obiettivo corrisponde ad un numero alto, come ad esempio f/22 e creerà una profondità di campo ampia.

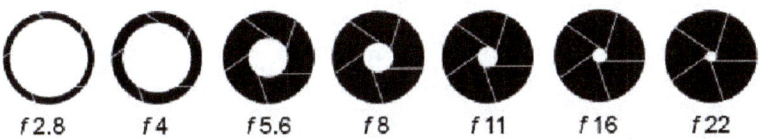

Il secondo fattore che influenza la profondità di campo è la **lunghezza focale** dell'obiettivo: obiettivi grandangolari o con zoom a 28mm forniscono una maggiore profondità di campo rispetto ad obiettivi zoom, quali ad esempio 200mm o 300mm, con i quali, al contrario, si potranno ottenere suggestivi effetti di sfocato.

L'ultimo fattore che determina la profondità di campo è la **distanza focale tra il soggetto e l'obiettivo**: più il soggetto sarà vicino all'obiettivo, minore sarà la profondità di campo.

(Nell'immagine sottostante vediamo come la profondità di campo aumenti man mano che il soggetto si allontana dall'obiettivo).

DISTANZA FOCALE

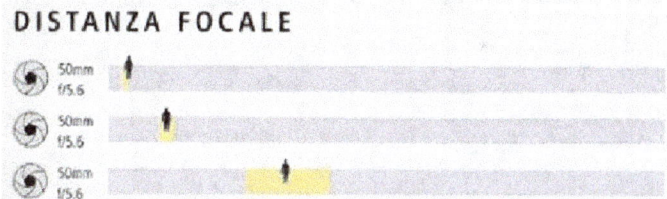

La **messa a fuoco** automatica nelle attuali reflex, bridge e compatte di alta fascia ha raggiunto livelli tecnici davvero impressionanti, per tale motivo sembrerebbe naturale chiedersi per quale motivo dover spendere il proprio tempo e le proprie energie in tal senso.

Va detto che anche se le attuali fotocamere sono in grado di fornire quasi sempre in maniera automatica immagini molto nitide, ci sono comunque numerose situazioni nelle quali anche l'autofocus più avanzato può fallire, ad esempio in condizioni di luce bassa, quando la fotocamera non riesce a "vedere" a sufficienza, o in mancanza di un contrasto sufficiente per l'individuazione del punto di fuoco. In questa ultima situazione si può optare nello scegliere uno specifico punto di fuoco che il sensore può prendere come riferimento e puntare la fotocamera verso la scena di nostro interesse, purché questa sia ubicata alla stessa distanza, ma in ogni caso ci sono situazioni nelle quali risulta più facile mettere a fuoco manualmente, come ad esempio quando il soggetto principale è situato dietro un primo piano che può confondere il sensore, come ad esempio possono essere finestre, sbarre o rami di alberi.

(Quando decidi di mettere a fuoco manualmente, ricordati sempre di selezionare tale opzione dal comando posizionato solitamente sull'obiettivo, per evitare di opporre resistenza al dispositivo di autofocus e di causare inavvertitamente eventuali danni all'obiettivo. AF=Auto focus; MF=Manual focus).

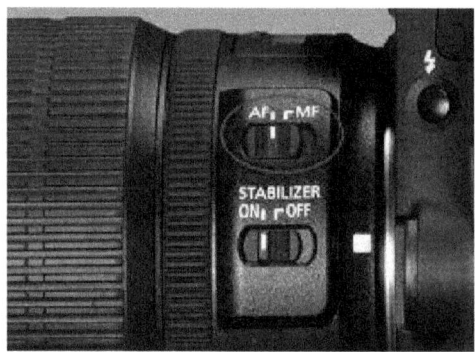

Le impostazioni della "zona creativa"

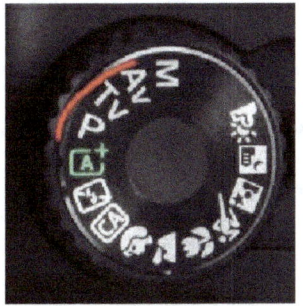 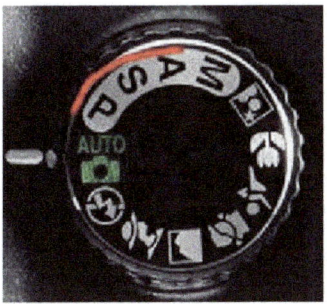

(A sinistra la chiera di una reflex Canon, a destra quella di una reflex Nikon)

Oltre alla modalità totalmente automatica e alla modalità totalmente manuale, sulle ghiere delle fotocamere di buon livello c'è un area denominata "zona creativa": una sorta di via di mezzo tra modalità manuale e automatica in cui il fotografo imposta determinati parametri lasciando alla macchina il compito di decidere tutto il resto.

La modalità che imposta la priorità dell'apertura del diaframma (**AV** sulle fotocamere Canon, **A** sulle fotocamere Nikon).
Con questa modalità è lasciata al fotografo la libertà di impostare l'apertura del diaframma e, in tal modo, di controllare la profondità di campo che avrà il suo scatto, mentre sarà la fotocamera a impostare il tempo di posa e la sensibilità ISO ottimali.
Questa modalità risulta molto utile quando ad esempio desideriamo effettuare scatti ritrattistici, o in tutte quelle occasioni nelle quali vogliamo che soltanto una parte dell'immagine risulti perfettamente a fuoco per far sì che l'attenzione dell'osservatore ricada su una parte determinata dell'immagine.

La modalità che imposta la priorità dei tempi di otturazione (TV sulle fotocamere Canon, **S** sulle fotocamere Nikon).
Con questa impostazione di scatto il fotografo avrà libertà di scelta riguardo al tempo di posa che ritiene più adeguato, lasciando alla fotocamera il compito di decidere tutto il resto. Tale settaggio risulta molto utile in tutte quelle occasioni nelle quali il tempo di scatto risulta fondamentale come per esempio quando il soggetto che intendiamo fotografare si muove velocemente, o quando, al contrario, desideriamo che la nostra foto sappia raccontare il passaggio del tempo e, magari, con la fotocamera disposta su di un treppiede, desideriamo creare l'effetto seta di un ruscello che scorre tra le rocce.

La modalità Program (P sulle fotocamere Canon e Nikon)

Possiamo definire questa impostazione come una sorta di modalità automatica che lascia maggiore libertà creativa al fotografo. Un po' in tutti i modelli di fotocamere il fotografo ha il controllo sul bilanciamento del bianco, sulla sensibilità ISO del sensore alla luce, sul punto di messa a fuoco, lasciando alla fotocamera il compito di scegliere la velocità della chiusura dell'otturatore e l'apertura del diaframma. Questa modalità di scatto di solito è la più utilizzata da chi inizia a familiarizzare con la propria reflex.

La scelta degli obiettivi

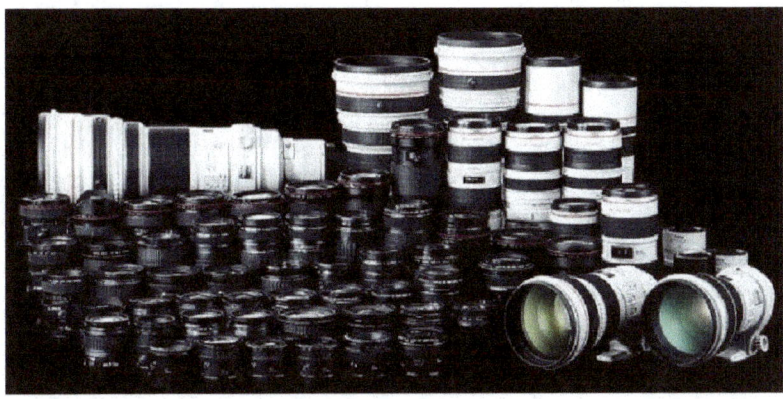

La differenza che intercorre tra le fotocamere reflex, o le fotocamere mirrorless, che si stanno abbastanza espandendo nel mercato prosumer attuale, rispetto alle macchine bridge, anche se di alta gamma, è proprio la libertà fotografiche che le prime offrono riguardo alla scelta degli obiettivi.

Cambiare obiettivo alla propria macchina fotografica vuol dire ampliare le proprie possibilità fotografiche ed espandere la propria creatività.

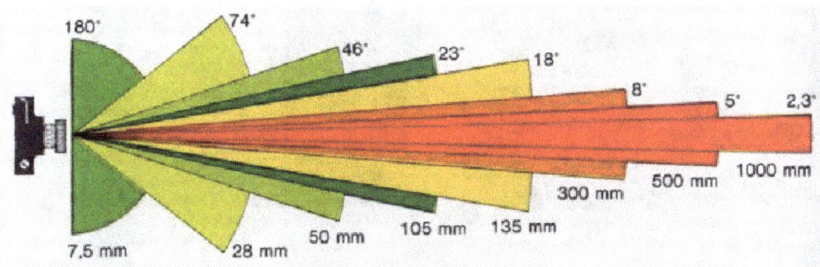

(Angoli di campo consentiti dai vari obiettivi per sensori 35mm)

Produttori e anche riviste specializzate si soffermano troppo spesso sulle performance offerte dai componenti interni delle fotocamere, quali numero di pixel eccetera, dimenticando talvolta un dato che gli esperti sanno essere fondamentale, ossia la scelta e la qualità degli obiettivi.

Beninteso, i sensori di una fotocamera sono un elemento fondamentale, in quanto sono loro a registrare l'immagine, e devono poter registrare una gamma dinamica quanto più ampia possibile, ma sono gli obiettivi a raccogliere in primis le informazioni inerenti la scena e la luce e quindi rivestono una uguale importanza riguardo al risultato finale di una fotografia.

I moderni obiettivi, anche se non sempre suscitano lo scalpore mosso dalle diavolerie tecniche degli attuali corpi macchina, rendono più facile la vita ai fotografi, infatti sono più leggeri, più nitidi, sono in grado di mettere a fuoco con rapidità impressionante e inglobano raffinati sistemi di stabilizzazione che consentono di scattare, fotocamera alla mano, a tempi di otturazione bassi fino 1/15 di secondo.

L'unico lato negativo è che la qualità si paga, e per quel che riguarda le ottiche, ancor più che per le fotocamere, il ventaglio della scelta e dei prezzi può essere davvero sconcertante, ma il lato positivo è che è possibile acquistare obiettivi di seconda mano di qualità davvero eccellente.

Prima dell'acquisto consiglio di testare l'obiettivo, magari se si conosce un rivenditore di fiducia, di farselo prestare per un giorno, o comunque di vedere recensioni libere su internet, per scovare le opinioni di chi ce l'ha e lo usa e per scoprire tutti i pro e i contro di tale ottica e di non fidarsi subito degli annunci talvolta troppo eclatanti rilasciati dalle case produttrici.

Altro consiglio è quello di vedere bene il tipo di sensore della propria fotocamera reflex, ossia se il sensore è un "full frame" o un APS-C. (Gli obiettivi per full frame vanno bene anche su una fotocamera con un sensore ridotto, mentre gli obiettivi APS-C non sono adatti a macchine con sensore full frame, in quanto creano vignettature laterali più o meno vistose.

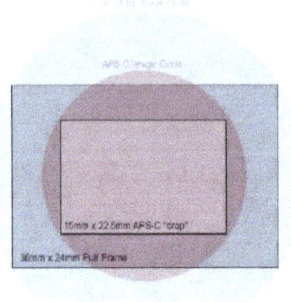 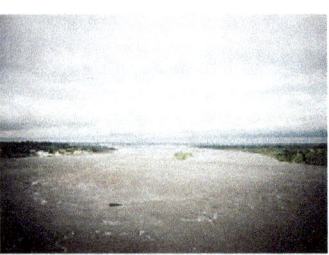

(Esempio di foto con vignettatura)

Tipi di ottiche:

Partiamo subito con l'"**obiettivo normale**", un concetto semplice, ma da approfondire un po'.

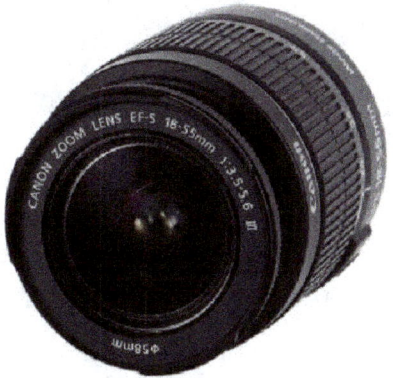

Per obiettivo normale si intende un'ottica che in qualche modo imita l'angolo di visione dell'occhio umano, ossia un angolo di campo compreso tra i 55 e i 60 gradi.

Per non complicare troppo in discorso, possiamo dire che in una fotocamera full frame, ossia munita di un sensore che equivale al classico 35mm delle pellicole, per obiettivo normale si considera un ottica dalla lunghezza focale di 42mm (ma per praticità costruttive viene considerata normale una ottica della lunghezza focale di 50mm, corrispondente all'angolo di campo di 47°), mentre per una fotocamera munita di sensore APS-C un ottica normale è data da un obiettivo della lunghezza focale di 28mm. (Le ottiche 18-55mm "normali" sono in genere incluse nel kit di base delle fotocamere).

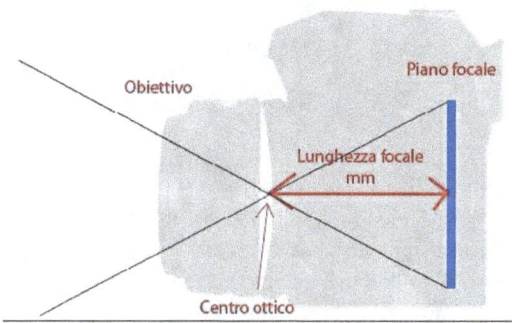

(La lunghezza focale di un obiettivo è data dalla distanza tra il centro ottico dell'obiettivo e il piano del sensore).

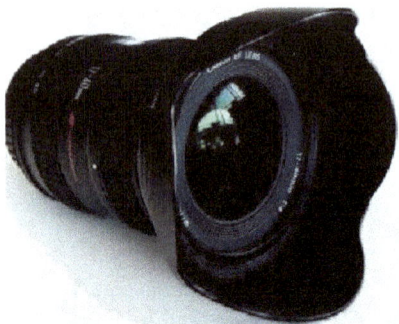

Gli obiettivo grandangolari, molto usati nella fotografia paesaggistica o di architettura, consentono una cattura molto più ampia della scena. Usualmente, si considerano grandangolari, ottiche di lunghezza focale tra i 15mm ai 35mm.

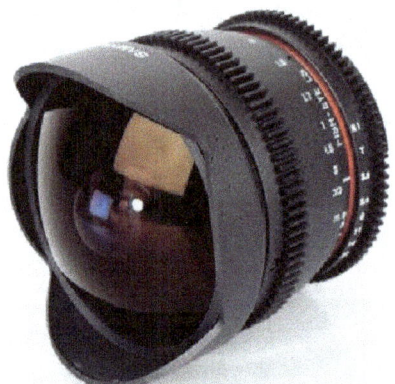

I **fish-eye**, ossia gli occhio di pesce sono dei grandangolari spinti che permettono inquadrature molto ampie che arrivano fino a 180° e originano immagini molto particolari, che sembrano appunto viste attraverso l'occhio di un pesce. La focale di tali obiettivi va dagli 8 ai 15mm.

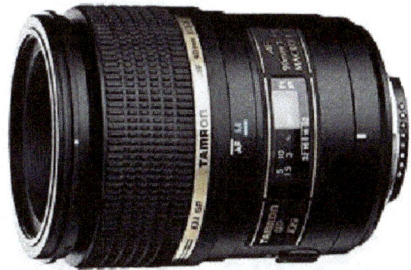

I **medio-tele**, con la loro lunghezza focale in genere compresa tra i 24mm e i 70mm, si posizionano a metà strada tra i grandangolari e i teleobiettivi, e sono gli obiettivi che in genere vengono considerati standard, quelli, insomma, che i neofiti portano sempre montati sulla propria macchina fotografica proprio per la loro straordinaria versatilità. (A tal proposito va ricordato che su una macchina con sensore APS-C, possono già essere considerati obiettivi medio-tele, ottiche con una lunghezza di 50/55mm. Tali ottiche sono spesso utilizzate nei ritratti e in tutte quelle situazioni nelle quali non servono ingrandimenti spinti.

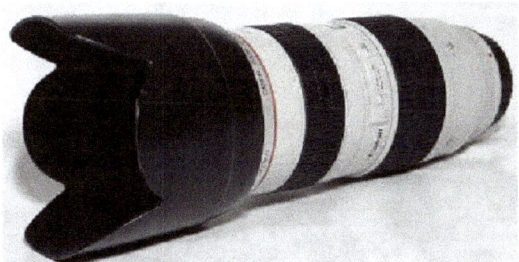

I **teleobiettivi** sono caratterizzati dal loro elevato valore di ingrandimento. I più comuni hanno un ventaglio di focali che va dai 70mm ai 200mm, fino giungere a **super-tele** di 1200mm. Tali obiettivi sono molto utilizzati in ambiente giornalistico e nella fotografia naturalistica, quando è necessario mantenere una certa distanza con il soggetto, che può essere ad esempio un animale pericoloso, o comunque da non spaventare, come gli uccelli.

Gli obiettivi di questo tipo possono essere molto ingombranti e, soprattutto quelli che permettono una alta luminosità, possono essere caratterizzati da un notevole peso, perché caratterizzati da un più elevato numero di lenti interne.

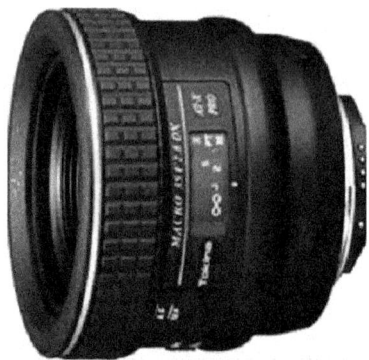

Gli **obiettivi macro** consentono inquadrature ravvicinate con il soggetto, fino ad un rapporto 1:1 o superiore. Sono molto utilizzati per fotografare soggetti molto piccoli, quali fiori, insetti, farfalle e gocce d'acqua. I macro di buona qualità costruttiva rendono colori brillanti e foto "taglienti" e di grande impatto visivo, permettendo di ampliare enormemente l'orizzonte della nostra creatività.

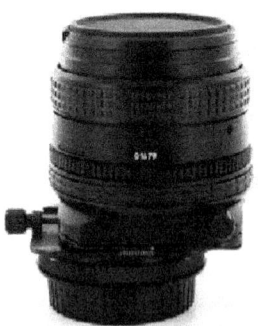

Le **ottiche decentrabili**, con i loro movimenti di decentramento e di basculamento, sono molto usate nelle fotografie architettoniche in esterno, o comunque in tuttequelle situazioni nelle quali si vogliono correggere gli effetti indesiderati di distorsione che si verificano negli scatti ad oggetti allungati, come ad esempio nelle foto di edifici ritratti dal basso.

I movimenti di tali lenti consentono altresì di mantenere un'ampia profondità di campo anche con aperture del diaframma molto ampie in modo da mantenere ben a fuoco l'intera scena.

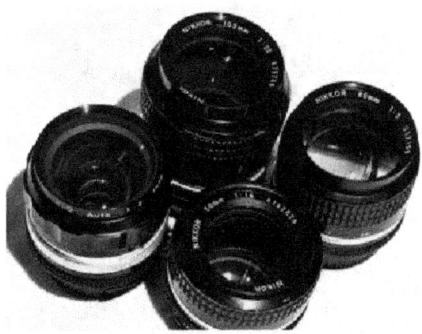

Le **ottiche a focale fissa** sono ottiche nelle quali non è possibile modificare la lunghezza focale. In passato erano gli obiettivi preferiti dai professionisti proprio per le maggiori qualità ottiche che possedevano rispetto agli obiettivi zoom, oggi, senza troppo timore di sbagliare, in considerazione dei poderosi progressi che hanno riguardato le ottiche zoom, possiamo dire che l'unica funzione nei quali le focali fisse si mantengono ancora superiori sono, a parità di costi, le maggiori velocità e apertura del diaframma che tali ottiche consentono.

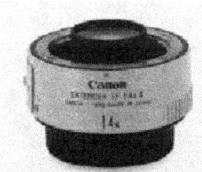
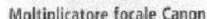
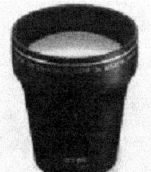

Moltiplicatore focale Canon   Moltiplicatore focale Nikon

I **moltiplicatori di focale** consentono di aggiungere lunghezza focale agli obiettivi; alcuni modelli vanno posti all'estremità esterna dell'obiettivo, altri tra l'obiettivo e il corpo della fotocamera. Questi dispositivi rappresentano sicuramente una mannieramento costosa per aumentare la lunghezza focale dei nostri obiettivi, ma tendono a rallentare il sistema di messa a fuoco automatico e ridurre l'apertura massima dell'ottica, riducendo la luce in entrata.

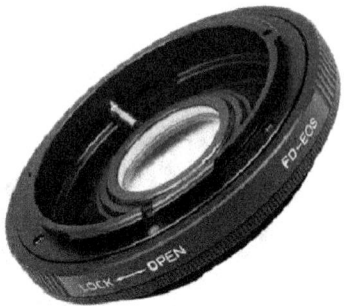

Infine, per ridare vita a vecchi obiettivi, che possono essere ancora di ottima qualità e garantire un'ottima resa, ci sono gli **anelli adattatori**. L'unico inconveniente può essere quello di perdere le funzioni di autofocus e di stabilizzazione, ma di sicuro possono rivelarsi un'ottima alternativa per continuare ad utilizzare obiettivi vintage e per sperimentare, scoprire e divertirsi.

La "ruota dei colori"

Prima di affrontare l'interessante agomento della "teoria del colore", si soffermeremo davvero brevemente sulla cosiddetta "ruota dei colori".

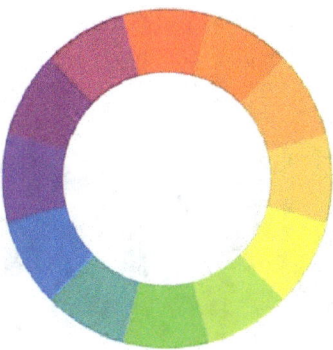

I colori analoghi, quelli vicini nella ruota dei colori, esprimono armonia e si utilizzano per creare un effetto di relax nelle nostre composizioni.

I colori complementari, disposti uno di fronte all'altro sulla ruota dei colori, creano un interessante effetto di forte contrasto quando sono posizionati vicini, ad esempio rosso sul verde o giallo sul blu.

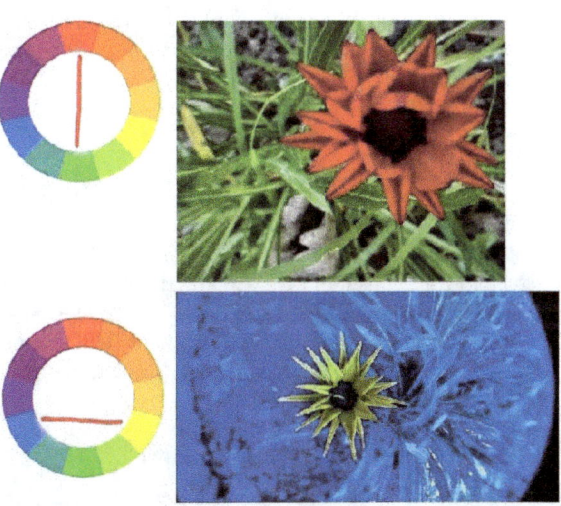

La luce e i colori

La teoria del colore

Fotografare significa "scrivere con la luce". La luce è energia elettromagnetica dal colore apparentemente bianco, ma in realtà, se scomposto e analizzato, questo bianco ci darà una serie di colori sfumanti uno nell'altro.

Facendo passare la luce attraverso un prisma di vetro, essa viene scomposta in linee colorate, svelando i colori che la compongono.

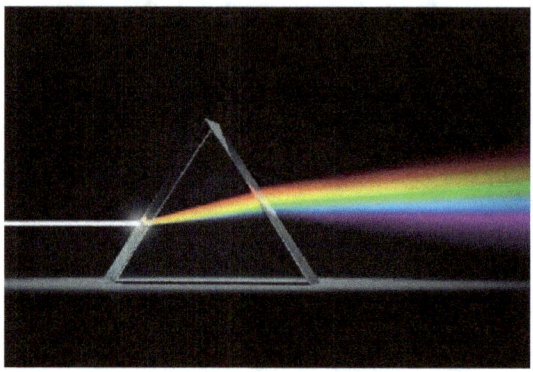

(Un prisma scompone la luce nei colori che la compongono – Esperienza di Newton)

Possiamo assistere a questo fenomeno anche durante un arcobaleno, quando, finita la pioggia, l'atmosfera pregna di minuscole gocce d'acqua che fungono da minuscoli prismi, e attraversata dal sole.

I colori primari e i colori complementari

I colori primari che compongono la luce sono il rosso (R – red) , il verde (G – green) e il blu (B – blue), da questi colori derivano i colori complementari, ossia il giallo (Y – yellow), il magenta (M – magenta) e il ciano (C – cyan).

Di solito, per spiegare le relazioni che intercorrono tra i colori primari e complementari, viene utilizzato uno schema con la forma di triangolo equilatero, dove ai vertici vengono posti i colori primari (rosso, verde e blu) e, al centro di ogni linea che congiunge i vertici, i colori complementari risultanti dalla somma equa dei due colori primari posti ai vertici.

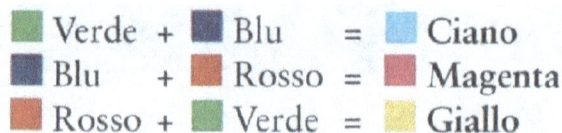

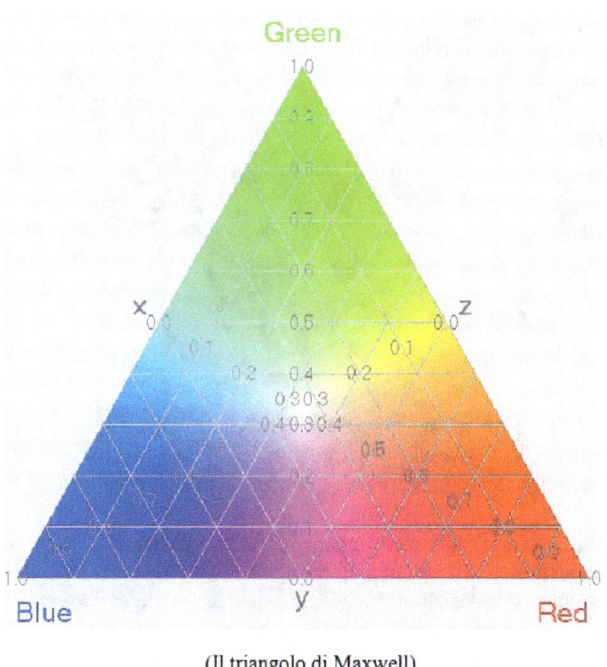

(Il triangolo di Maxwell)

Naturalmente, nella realtà il passaggio tra i colori non sarà quasi mai netto, ma darà luogo a un ventaglio infinito di sfumature.

La sintesi additiva e sottrattiva dei colori

Studiamo un po' la parte centrale di questa somma di colori:

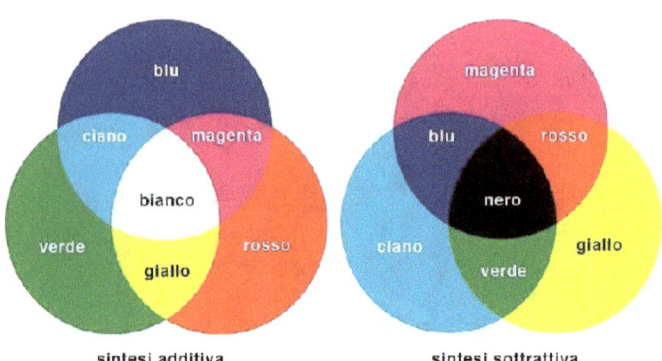

La somma equa dei colori primari (sintesi additiva) darà luogo al bianco assoluto (W – white), mentre la somma equa dei colori complementari (sintesi sottrattiva) darà luogo al nero assoluto (K – black, per non confonderlo con "B" di blue).

La sintesi sottrattiva dei colori complementari (ciano, magenta giallo) viene adottata nel campo della stampa fotografica per far si che la somma di tali colori possa generare il nero, dato che è bianco il foglio sul quale saranno stampate le immagini.

Le altre proprietà dei colori

La luminosità: ogni colore possiede una determinata capacità riguardo alla riflessione della luce, appunto una maggiore o minore luminosità. Il giallo (più vicino al bianco) è il colore più chiaro; il viola (più vicino al nero) è il colore più scuro.

Quando componiamo le nostre immagini bisogna dare il giusto rilevo ai colori, per evitare fastidiose disarmonie che possano compromettere i nostri scatti e bisogna tenere sempre ben presente che i colori sono degli straordinari mezzi in grado di trasmettere determinate emozioni all'intelletto umano.
Considerare con attenzione i colori al momento dello scatto è uno di quei progressi fotografici fondamentali, cose che col tempo devono trasformarsi quasi in "istinti del fotografo".

Il contrasto

Con contrasto s'intende il grado di differenza che intercorre tra le aree più chiare e più scure del fotogramma. Quando invece parliamo di **contrasto cromatico**, ci riferiamo alle percezioni suscitate dalla relazione dei colori compresenti nel fotogramma. Ogni colore viene percepito dall'intelletto umano in maniera differente a seconda dei colori che lo circondano. Anche in rete è possibile trovare tantissimi simpatici test al riguardo.

Il livello massimo di contrasto cromatico si ottiene attraverso il confronto di due colori complementari.

In alcune fotocamere è possibile regolare il livello di contrasto già al momento dello scatto, in ogni caso, in presenza di file di buona qualità, sarà sempre possibile regolare il contrasto al momento della post-produzione.

La saturazione

Con "saturazione" s'intende il grado di purezza presente in un determinato colore, ossia l'assenza più o meno accentuata del nero e del bianco da quella determinata sfumatura di colore.

Va chiarito che il temine "saturazione" si riferisce a un astrazione, infatti nel mondo ogni colore è il risultato di mescolanze tra colori, quindi nella maggior parte delle situazioni della vita ci troveremo dinnanzi a colori insaturi. Anche nella percezione della purezza di un colore il nostro intelletto viene "ingannato" dagli altri colori che lo circondano.

La luce

Come dicevamo, fotografare significa "scrivere con la luce". Il fotografo che saprà gestire le possibilità offerte e i limiti imposti dalla luce sarà in grado di cavarsela quasi in ogni situazione di luminosità.

Anche se il digitale aiuta molto il fotografo nell'ingrato compito di orientarsi tra i parametri di luminosità, ci sono situazioni nelle quali non basta inquadrare e scattare, ma bisogna conoscere bene la luce e saper interpretare l'ambiente che ci circonda anche attraverso il parametro della luminosità. Un'altra cosa che bisogna tenere sempre ben a mente è che non serve tanta luce per fare delle fotografie riuscite, ma serve una luce di qualità.

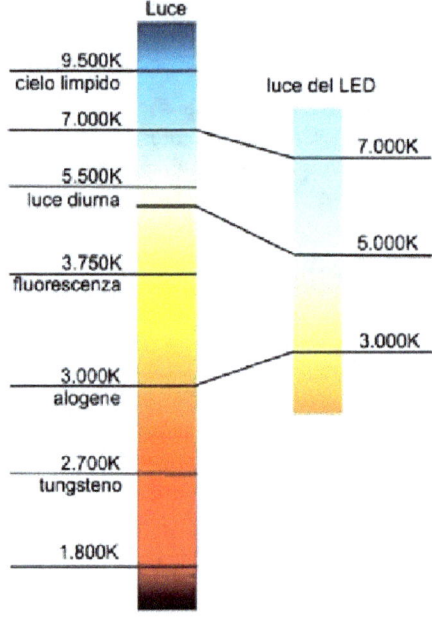

Scala delle temperature colore espressi in Kelvin (k)

Ogni fonte luminosa presenta tonalità tendenti al rosso o al blu. Il termocolorimetro è lo strumento atto a misurare la temperatura dei colori. La scala Kelvin è adottata internazionalmente per stabilire la temperatura dei colori. (L'immagine sopra potrà aiutarvi nella lettura di questo breve capitolo).

Per ottenere le tonalità desiderate nei nostri scatti, bisogna iniziare a familiarizzare con la prevalenza cromatica prodotta dalle fonti luminose di varia natura, siano esse naturali, come la luce del Sole nelle varie ore del giorno, siano esse artificiali, come le varie tipologie d'illuminazione domestica o le luci degli studi fotografici.

Per forza di cose, in questo capitolo daremo una buona infarinatura dei principi fondamentali di questo argomento, che, per essere trattato in maniera estesa, necessiterebbe altrimenti di un libro a parte.

Le pellicole utilizzate nella fotografia analogica non possono compensare tutte in egual minura le dominanti cromatiche, infatti il mercato offre pellicole per luce solare (le daylight per 5500 kelvin) e pellicole per luce artificiale (le tungsteno per 3200 kelvin). Queste pellicole, presentando differenti sensibilità alla luce, permettono una fedele restituzione del bianco a seconda delle fonti luminose che si trovano sulla scena di scatto.

L'avvento dei sensori digitali e la loro straordinaria facilità di settaggio ci hanno finalmente consentito di superare agevolmente tutte quelle situazioni di scatto caratterizzate da luce mista, con temperature cromatiche diverse tra loro. Del resto la stessa luce solare, con le sue mutevoli condizioni atmosferiche, può comportare non pochi problemi ai fotografi neofiti. I soggetti immersi nel blu di un primo pomeriggio sereno avranno una dominante cromatica tendente al blu con una temperatura di colore che si aggirerà intorno ai 5000 kelvin; una giornata uggiosa darà ai nostri soggetti tonalità tendenti ai toni grigi, comportando un'attenuazione dei colori nei nostri scatti; mentre i tramonti e le albe avranno temperature di colore che si aggireranno intorno ai 3500 kelvin, simile a quella di una lampadina tradizionale, con tonalità calde che tenderanno all'arancione.

Anche le fonti di luce artificiale dal canto loro, in quanto a differenti temperature di colore, possono comportare una interessante sfida per il fotografo. Una candela avrà una fonte luminosa caratterizzata dal colore rosso di circa 2000 kelvin, mentre una luminaria cittadina avrà una tonalità di un blu che sarà quasi un verde.

Con la possibilità di tarare il sensore alla luce ambientale con l'impostazione dei valori ISO, le fotocamere digitali ci hanno davvero facilitato la vita.

L'impostazione del bilanciamento del bianco (automatica o personalizzata) ci permette poi di correggere eventuali dominanze cromatiche – se indesiderate – e di fare in modo che il bianco venga fedelmente restituito nei nostri scatti, o altresì ci permetterà di giocare con i colori in maniera del tutto personale, favorendo la nostra creatività.

In ogni caso va sempre ricordato che le scelte inerenti alla luce e ai colori influenzeranno enormemente i nostri risultati fotografici. I colori hanno la capacità di influenzare la nostra psiche e di emozionarci: i colori caldi come il rosso e l'arancione ci fanno pensare all'estate, al calore, al benessere e c'invogliano all'azione; i colori tendenti al blu ci fanno pensare al freddo dell'inverno e al mare evocando in noi sensazioni di relax.

La composizione

La regola dei terzi

Un metodo davvero semplice per ottenere una composizione fotografica efficace, molto noto, utilizzato e talvolta anche abusato, è quello della "regola dei terzi".

Tale "regola", sviluppata nella metà del diciannovesimo secolo dai pittori paesaggisti, fu subito adottata dai fotografi che ne colsero ben presto il valore, oltre che per la fotografia di paesaggio anche per altri generi.

L'idea che sta alla base della regola dei terzi è quella di evitare di porre il soggetto al centro dell'inquadratura, per non correre il rischio che tale soggetto possa catturare lo sguardo dell'osservatore, impedendogli di esplorare l'intera fotografia, e per donare dinamismo ai nostri scatti.

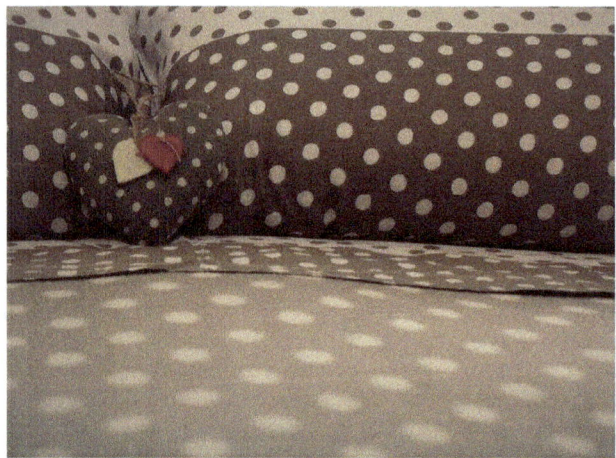

(Una foto scattata seguendo la regola dei terzi)

Per applicare la regola dei terzi bisogna porre mentalmente una griglia formata da due linee orizzontali e due linee verticali sulla scena che si sta fotografando in modo da suddividere idealmente il fotogramma in nove rettangoli uguali (di solito le fotocamere digitali consentono di porre una griglia reale sulla scena visualizzata nel mirino o sullo schermo, griglia che naturalmente non comparirà nell'immagine finale).

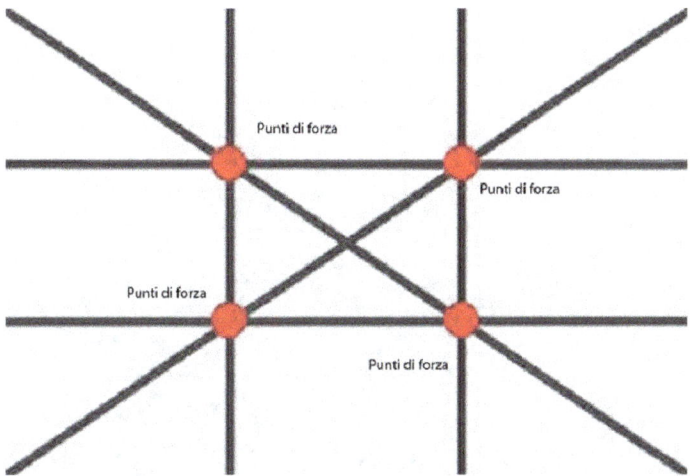

I punti d'incontro delle linee orizzontali e verticali, chiamati anche **Punti di forza** o **punti d'interesse** è dove approssimativamente dovrebbero essere posti gli elementi che consideriamo importanti dell'immagine.

Per sperimentare un po' potrete anche lavorare sulla regola dei terzi in post-produzione, rifilando vostre vecchie foto in maniera da porre gli elementi di tali scatti che considerate importanti in prossimità dei punti d'interesse. Provando un po' potrete costatare voi stessi che molte immagini in tal modo acquisiranno maggiori equilibrio e dinamismo.

Anche nei ritratti la regola dei terzi è davvero molto efficace, infatti, quando si ritrae un primo piano composto di testa e spalle, di solito è consigliabile che gli occhi del soggetto non attraversino il centro della foto, ma è meglio posizionare lo sguardo sulla linea orizzontale alta.

Nel caso di un ritratto a figura intera evitate di porre il soggetto al centro dell'immagine, e cercate invece di posizionarlo in prossimità di una delle due linee verticali. Quando ad esempio si fotografa un orizzonte fatto di cielo e di mare, seguendo questa regola, bisognerà per forza di cose decidere quale sarà la metà predominante nel nostro scatto, ossia se vogliamo dare maggior spazio al cielo o al mare. La regola dei terzi può essere applicata a tutti i generi fotografici.

Alcuni studi hanno inoltre dimostrato che in composizioni caratterizzate da un punto focale principale, per i popoli occidentali, abituati a leggere e a guardare da sinistra verso destra e dall'alto verso il basso, sarebbe meglio porre il soggetto principale sul punto d'interesse il basso a destra, in quanto si ritiene che lo sguardo dell'osservatore possa smettere di percorrere l'immagine non appena incontrato il punto d'interesse, che, se posto sulla sinistra, potrebbe far scemare l'attenzione sulla parte destra del fotogramma.

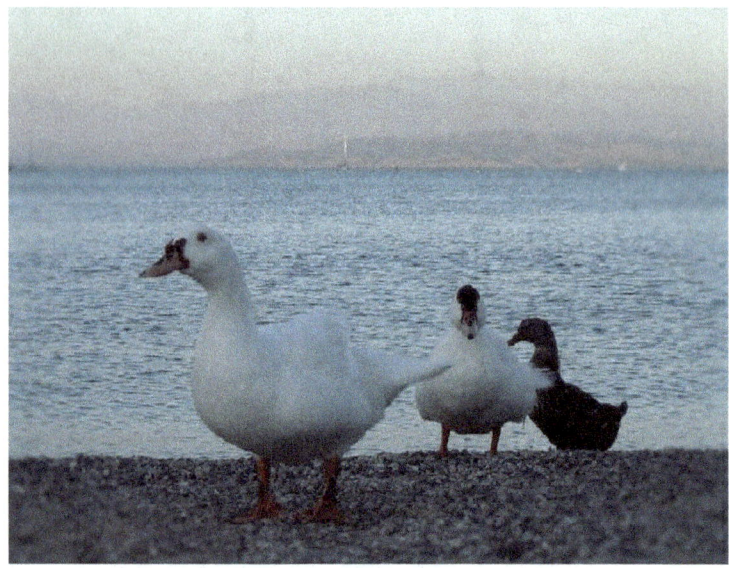

(I soggetti sono posti al centro della fotografia, ma la regola dei terzi è in parte rispettata in quanto il mare e la spiaggia prendono molto più spazio rispetto al cielo e le montagne posti in alto del fotogramma)

Ma il bello di ogni regola è che può essere del tutto ignorata, infatti ci sono tante "occasioni fotografiche" nelle quali ad esempio un elemento architettonico, un tramonto fatto di cielo, nuvole e mare oppure un albero saranno dinamici ed efficaci anche se posti nell'esatto centro di un'immagine, e allora non bisogna far altro che seguire il nostro istinto.

La sezione aurea

Oltre alla regola dei terzi ora tratteremo un concetto un po' più complesso, ma forse anche più interessante, quello della sezione aurea.

La sezione aurea, conosciuta anche come la "Successione di Fibonacci", venne divulgata intorno all'anno 1200, appunto da Leonardo Fibonacci, uno tra i principali matematici medioevali, conosciuto anche con il nome di Leonardo Pisano, per la sua città natale. Fibonacci individuò l'esistenza di una proporzione costante, riscontrabile negli esseri viventi, piante comprese, che ha la caratteristica di risultare particolarmente piacevole all'occhio umano, per tale ragione questa successione ha assunto anche il nome di "Proporzione divina"; in inglese "Golden ratio" o "Golden rule".

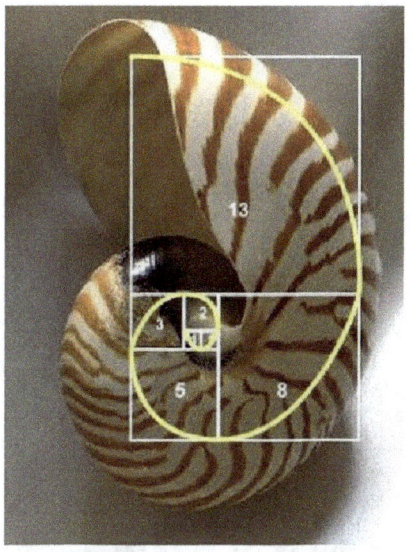

La proporzione di Fibonacci è questa **0, 1, 1, 2, 3, 5, 8, 13, 21, 34, ...**

Possiamo dire che tale proporzione abbia da sempre fatto parte, almeno in maniera istintiva, delle scelte costruttive e artistiche del genere umano: la possiamo individuare ad esempio già nel Partenone e in molte altre costruzioni dell'età classica,

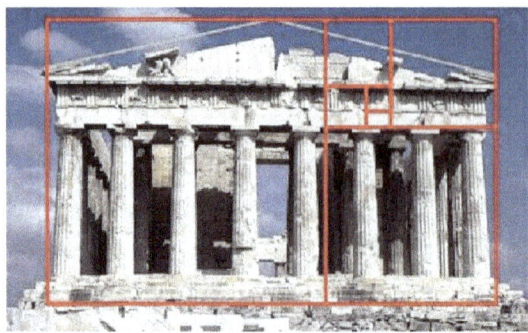

ma è nel periodo rinascimentale che entra particolarmente in voga nella produzione artistica,

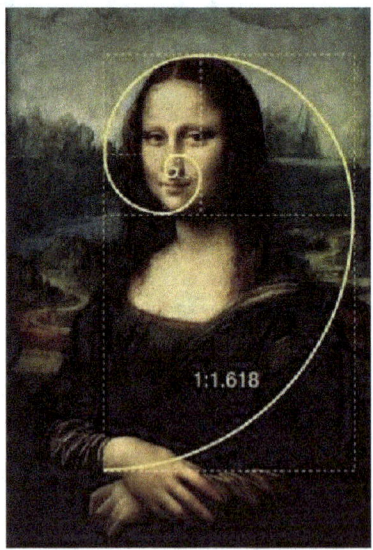

ed è tuttora molto utilizzata nella produzione di oggetti di design, nel mondo della pubblicità e addirittura nella creazione di siti e di blog.

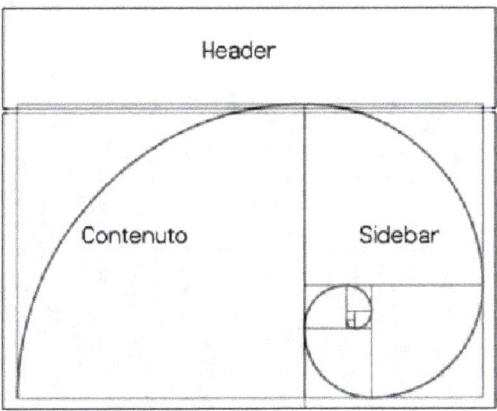

Allora perché non utilizzarla anche in fotografia?

Per applicare la Sequenza Fibonacci in fotografia (per carità senza troppa matematica) prendiamo il nostro rettangolo "aureo" e dividiamolo in due segmenti che chiameremo "A" (il lato più grande) e "B" (il lato più piccolo), in modo da ottenere un quadrato più grande e un rettangolo più piccolo.

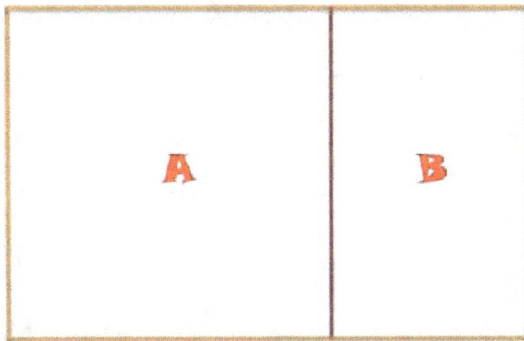

Questa linea può essere liberamente immaginata sulla destra o sulla sinistra.

Ponete il soggetto sotto la linea per donare un effetto di maggiore dinamicità e armonia all'immagine.

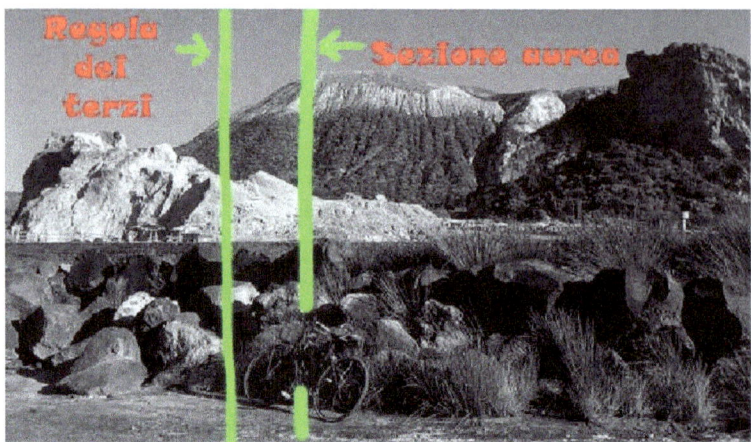

Come è facile costatare, la linea della sezione aurea sarà un po' più spostata verso il centro dell'immagine rispetto alla linea della regola dei terzi, la quale tende a sbilanciare maggiormente la composizione.

Per continuare a conoscere le potenzialità della sezione aurea, tracciamo idealmente una diagonale sul rettangolo completo e la facciamo incrociare con una diagonale più corta, tracciata sul rettangolo più piccolo, ottenendo un punto molto importante per la nostra "composizione aurea".

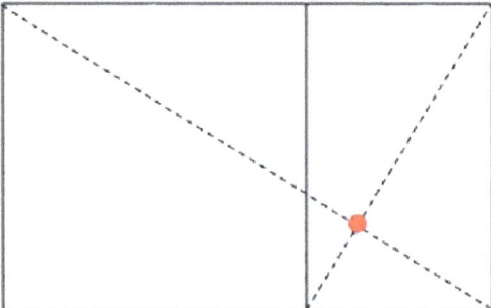

Se disponiamo il soggetto più o meno in corrispondenza di tale punto, otterremo un'immagine armoniosa e ben composta. (Dico "più o meno" perché dobbiamo ricordarci che stiamo scattando una fotografia, magari sotto il sole o nel vento, e, a meno che la nostra fotocamera non ci fornisca una griglia preimpostata sulla scena visualizzata, non disporremo di precisi ausili matematici con i quali poter misurare la nostra composizione).

Il rettangolo di destra è ancora un rettangolo aureo, ossia può essere a sua volta suddiviso, e suddiviso all'infinito, come abbiamo fatto con il rettangolo principale, in segmenti più piccoli che mantengano sempre le stesse proporzioni.

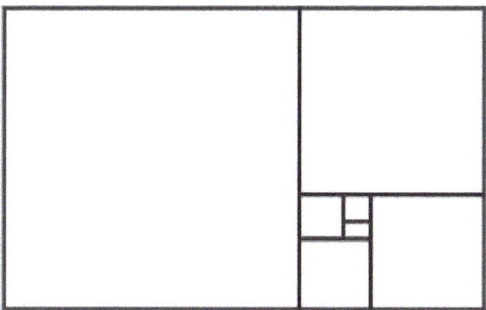

Otteniamo così una spirale, che possiamo utilizzare come guida per ottenere la nostra linea compositiva. La spirale convergerà nello stesso punto individuato prima, dove possiamo disporre il soggetto della nostra fotografia.

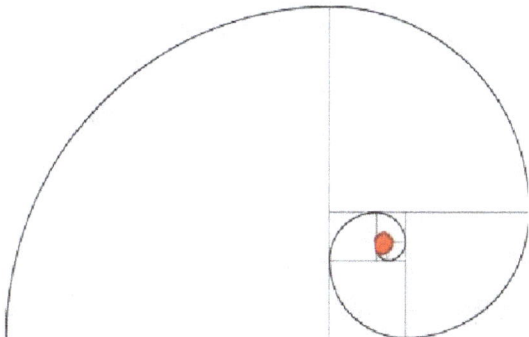

Per esaltare il soggetto possiamo individuare nella nostra composizione una linea curva, come ad esempio un ramo di un albero o la volta di una grotta, che ricordi la spirale aurea (senza fossilizzarsi troppo nella ricerca della perfezione).

Possiamo sperimentare un po' anche con le foto che abbiamo già sul nostro hard disk: facciamo una copia e le rifiliamo in modo da cercare di disporre il soggetto seguendo la regola della sezione aurea.

Ma la cosa più importante, come detto prima, è di non fermarsi mai davanti ad una regola: bisogna studiare bene le regole, farsele entrare dentro, e poi dimenticarle. Usciranno da sole, quando devono uscire, come un istinto.

Il valore delle ombre

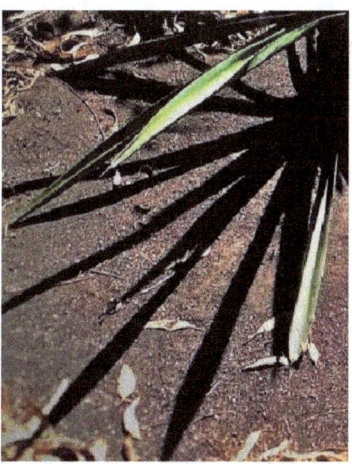

Le ombre rivestono uno straordinario valore nel concorrere alla creazione di composizioni suggestive e magari portatrici di significati, in quanto sono in grado di modificare radicalmente i livelli di luminosità e l'atmosfera di una fotografia. Ad esempio, fotografie scattate in momenti caratterizzati da un'elevata luminosità solare si riconoscono non soltanto dai bianchi molto luminosi e dai colori particolarmente saturi, ma anche dalla presenza di ombre scure e nette che occupano e arricchiscono la scena.

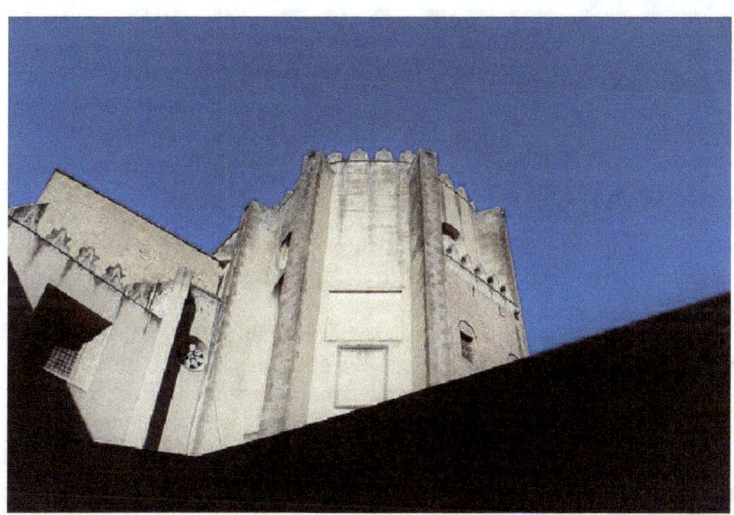

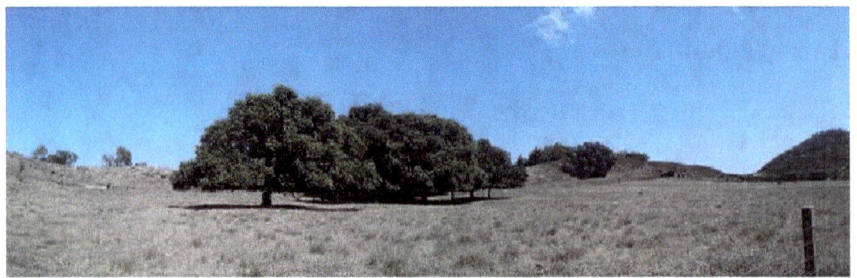

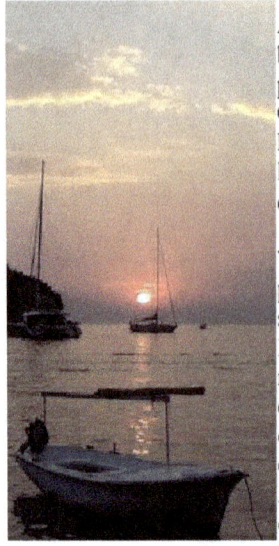

Al contrario, osservando una fotografia priva di ombre ben definite, percepiamo un abbassamento del contrasto e proviamo una sensazione di maggiore delicatezza.

Questo per dire che le ombre non solo caratterizzano l'estetica di una fotografia, ma possono tradursi in un linguaggio immediato, in grado di colpire la percezione degli spettatori.

Tranne quelle scattate in condizioni di luce particolarmente soffusa, la maggioranza delle fotografie scattate di giorno e in esterna contengono ombre.

Le ombre entrano spesso in maniera inconsapevole nelle nostre composizioni e, proprio perché le consideriamo un qualcosa di estremamente comune e naturale, ci dimentichiamo troppo spesso di esse... Di solito ci concentriamo sul soggetto, no?

Eppure **dobbiamo iniziare a considerare le ombre come un altro soggetto, un soggetto parallelo** dei nostri scatti, perché esse hanno il potere sia di rendere meravigliose le nostre fotografie e di donare loro una straordinaria potenza, sia il potere di rovinare del tutto una bella composizione.

Quando scattiamo in esterna, in condizioni di luce intensa, dobbiamo iniziare ad apprendere l'arte della concentrazione e del movimento e dobbiamo avere in testa due domande:

1) Dalla posizione in cui mi trovo percepisco ombre che possano cadere su un elemento importante per la composizione che ho in testa?

2) Se mi sposto, se "danzo" un po' attorno al mio soggetto, cosa succede: otterrò una composizione simile a quella che avevo in mente, magari con ombre che si fanno invisibili o meno invadenti?

Ma le ombre non sono soltanto mostri dai quali fuggire, anzi, nella maggior parte dei casi, sono come bellissime donne un po' difficili da corteggiare!
Esse hanno lo straordinario potere di aggiungere dettaglio e profondità all'immagine e, come strade impalpabili, di attrarre per loro stessa natura lo sguardo dell'osservatore all'interno delle nostre composizioni, conducendolo verso il soggetto.

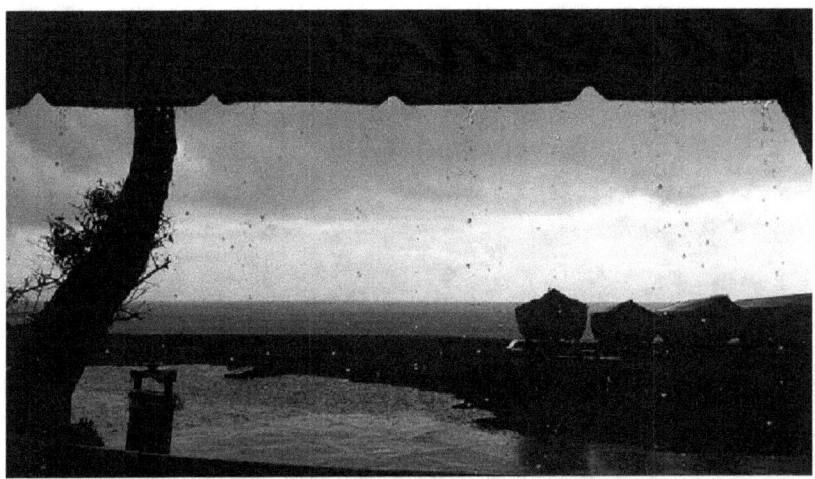

Le ombre possono anche essere portatrici di dati relativi al tempo e al luogo nei quali è stata scattata la fotografia; nella loro sconcertante immediatezza, come del resto per ogni aspetto connesso alla visività, esse possono, ad esempio, parlarci di quanto terso o nuvoloso fosse il cielo in quel dato, particolare momento; del luogo in cui la foto è stata scattata: se eravamo in una campagna, in un bosco alberato o in una città, semplicemente attraverso la geometria impalpabile dei soggetti riflessi sul terreno: siano essi le sagome geometriche e spesso prive di fantasia, figlie dell'artificio dell'uomo, oppure le forme organiche, ricche di fantasia e di magica, sacra imprevedibilità, figlie della natura.

Un altro modo per poter utilizzare lo straordinario potere delle ombre potrebbe essere quello di inserirle nella composizione in maniera tale da aggiungere al nostro, o ai nostri soggetti, altri soggetti soltanto riflessi, oppure di arricchire, esaltare e "ingrandire" i soggetti includendo nella composizione anche la loro ombra. Per fare questo dobbiamo lavorare in condizioni caratterizzate da una luce bassa e incidente.

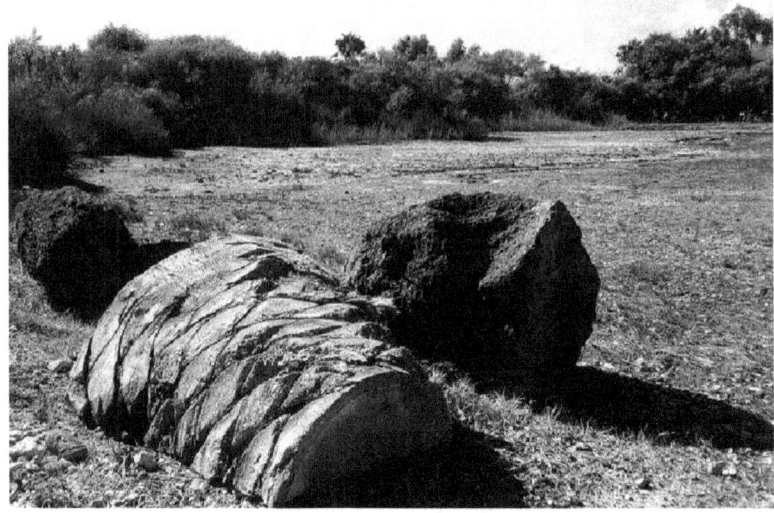

Sarebbe davvero impossibile parlare qui di tutti gli effetti che possiamo ottenere sperimentando e giocando con le ombre. Per riassumere, possiamo soltanto dire che le ombre possono donare un senso di profondità e palpabilità ai nostri scatti, e possono anche farsi come un vestito che, spostandoci, spostiamo a nostro piacimento, al fine di rendere più attraenti i soggetti delle nostre fotografie.

Lavorare con il contrasto di tono

Il senso che abbiamo per individuare foto caratterizzate da alto o basso contrasto è qualcosa d'innato che possediamo un po' tutti, tuttavia, individuare quali fattori sono alla base delle differenze di contrasto, può aiutarci nell'individuare e sfruttare al meglio tali valori, che, sicuramente concorrono nella creazione di foto suggestive.

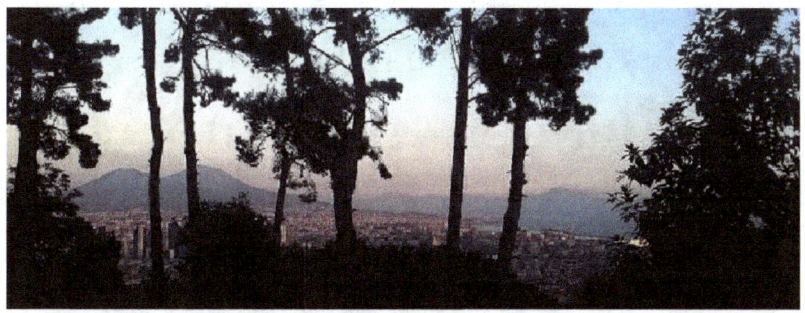

Sono definite ad **alto contrasto** fotografie caratterizzate da toni molto scuri e molto chiari, con poche tonalità neutre.

La giustapposizione di tonalità contrastanti influenza la nostra percezione del contrasto, ad esempio tonalità tendenti al bianco e tonalità tendenti al nero direttamente contrapposte, senza l'interposizione di toni neutri, sono immagini ad alto contrasto, in questo caso, senza giocare con i livelli di intensità e incidenza della luce, saranno soltanto i soggetti a determinare il livello di contrasto dei nostri scatti.

Una altro fattore che contribuisce al contrasto di una fotografia è **la luce**, o meglio, i livelli di intensità e incidenza della luce: se ad esempio accartocciamo un foglio bianco e lo illuminiamo dall'alto otterremo una illuminazione e toni molto più uniformi rispetto a una illuminazione laterale che esalterà le ombre create dalle pieghe sulla carta. (Attenzione questo vale anche per i volti e per le rughe!).

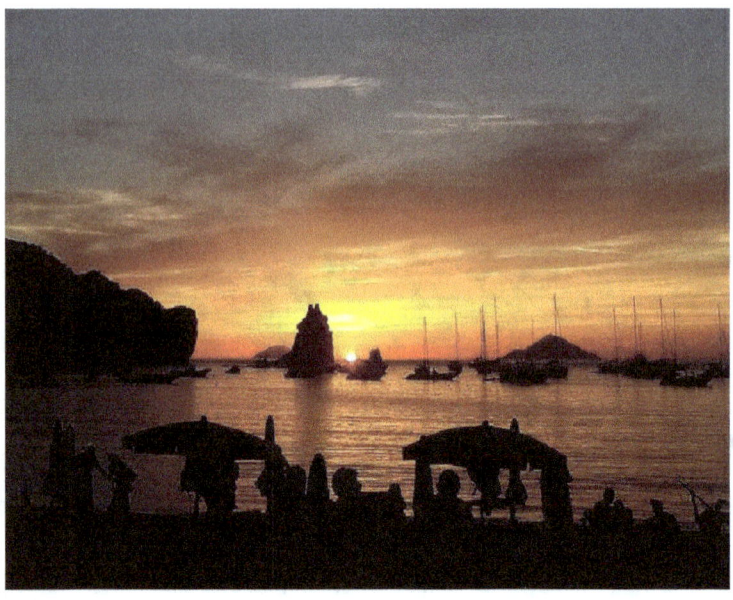

Le silhouette sono un esempio di contrasto estremo.

Disponendo il soggetto su un fondo chiaro e ben illuminato, e calibrando l'esposizione sullo sfondo, otterremo un'immagine nella quale tutti i livelli all'interno della figura scelta come soggetto saranno sottoesposti, lasciando visibile soltanto la sagoma. Per le silhouette vanno scelti i soggetti per la loro forma e non per dettagli interni alla figura e inerenti al colore, che andranno del tutto persi.

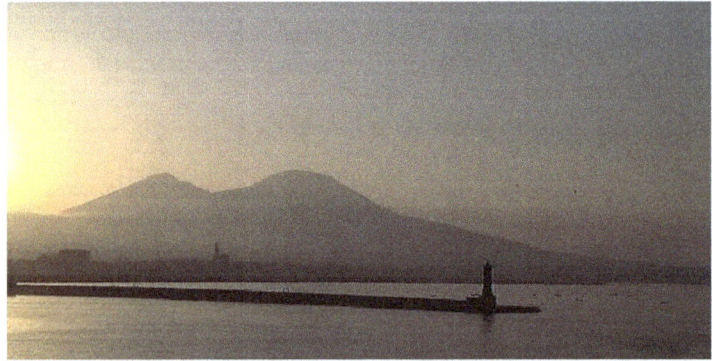

Le immagini a **basso contrasto** sono caratterizzate dal passaggio graduale tra i vari diversi toni che le compongono; spesso scattate subito prima il sorgere del sole o un attimo dopo il tramonto, sono di solito immagini delicate, in grado di trasmettere sensazioni di calma.

Il prezzo da pagare può talvolta essere quello di perdere forza compositiva, ma bisogna sempre tenersi lontani dalle generalizzazioni: ci sono fotografie a basso contrasto di grandi fotografi che sanno davvero "urlare".

Foschia, luce diffusa e leggera, montagne in lontananza, un lago perso nella nebbia possono essere ottimi soggetti per i nostri scatti a basso contrasto, ma possiamo sperimentare anche con i ritratti. Con un basso contrasto di tono si possono ottenere composizioni delicate e al contempo capaci di restare ben salde nella memoria.

Lavorare con la luce ambientale

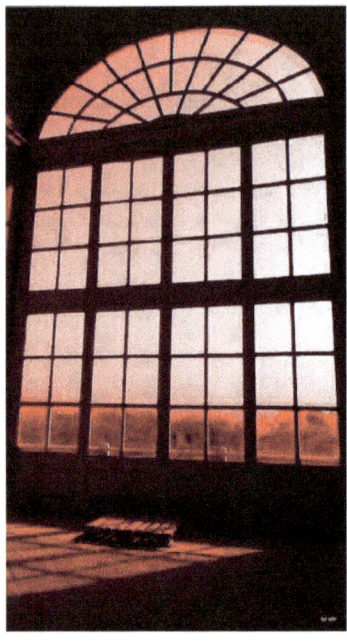

Quando parliamo di **luce ambientale** ci riferiamo alla luce presente sulla scena senza aggiunta di illuminazione da studio. Ad esempio, una fonte luminosa ambientale, può essere considerata la luce solare negli scatti in esterna, o in un ambiente domestico illuminato unicamente da una finestra, dalla normale illuminazione domestica, solitamente al tungsteno, o da entrambi le fonti di luce mescolate insieme. Nel caso di fotografie in notturna, sono luce ambientale sorgenti luminose presenti sulla scena, come ad esempio lampioni che costeggiano una via.

Molti fotografi amatoriali non possiedono kit d'illuminazione da studio e molti fotografi professionisti decidono di non utilizzare luci artificiali per seguire una propria poetica, per scelte personali di ordine artistico.

In ogni caso tutti, anche chi possiede costosi set d'illuminazione, si ritroveranno in situazioni nelle quali dover scattare affidandosi unicamente alle luci presenti sulla scena.

Quasi tutte le attuali fotocamere sono munite di un flash incorporato, ma il mio consiglio è quello di evitare di usarlo se non in rari casi: molto, troppo spesso l'unico risultato ottenuto sarebbe quello di ottenere soggetti in primo piano troppo illuminati e il buio più totale, privo di profondità nel resto della foto.

Nelle foto scattate negli interni bisogna che il fotografo "danzi" un po' nell'area della scena. Individuare **"quel punto magico"** dove la luce, magari proveniente da una finestra, accarezza ed esalta il soggetto all'inizio non è sempre facile, ma prestando attenzione alla scena si produrranno degli scatti davvero molto suggestivi e di forte impatto… e poi scoprirete con felice stupore di volta in volta di diventare sempre più veloci nell'individuare quel punto magico: è una sorta d'istinto da affinare senza alcuna teoria, né maestri, solo con la pratica, con la vostra testa e con il vostro cuore.

Le fotografie scattate utilizzando unicamente la luce ambiente hanno di solito il grande pregio di essere più pregne di atmosfera e realismo rispetto agli scatti eseguiti in studio con l'ausilio di un'accurata illuminazione.

Bisogna tenere presente che nel caso di foto scattate utilizzando fonti di luce non uniforme le nostre immagini presenteranno aree di luci e ombre molto più accentuate rispetto a come ci erano apparse attraverso la nostra vista. I nostri occhi si adattano alla luminosità ambientale e spesso ci danno l'illusione di una luce omogenea, uniforme; la fotocamera invece registra unicamente l'immagine che abbiamo colto un istante dopo aver premuto il pulsante di scatto, quindi l'immagine ottenuta sarà caratterizzata da un contrasto più accentuato. <u>Per avere un buon controllo della scena potrà essere utile guardare attraverso lo schermo LCD della nostra fotocamera.</u>

Questo contrasto può essere usato a nostro vantaggio per enfatizzare il soggetto e alcuni elementi presenti sulla scena. Le scelte potranno essere davvero infinite.

Nelle situazioni caratterizzate da illuminazione non omogenea è davvero di fondamentale importanza **impostare l'esposizione**: la forte luminosità di una finestra ad esempio deve essere presa in considerazione rispetto al resto di una stanza poco illuminata, per non "bruciare" la finestra e mantenere un ottimo livello di dettaglio nel resto della stanza.

Un metodo molto utile è quello di rilevare i valori di una zona chiara adiacente alla fonte luminosa (in questo caso la finestra), premere il tasto di blocco dell'esposizione, ricomporre l'inquadratura scelta e scattare.

Anche in questo caso consiglio di provare molti valori di esposizione: le luce e le ombre sono importantissime e concorrono a creare immagini magiche e suggestive o scatti piatti e privi d'interesse.

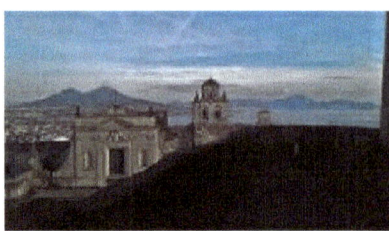 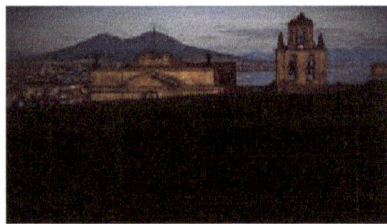

(Due esposizioni differenti per una scena simile)

Per quel che riguarda **il bilanciamento del bianco**, le attuali fotocamere consentono un ottimo controllo automatico. Anche i professionisti tengono spesso il controllo WB (white balance) su "auto", soprattutto quando bisogna scattare scatti in sequenza in ambienti luminosi molto diversi e si rischierebbe di dimenticare di cambiare tale impostazione. Il mio consiglio è comunque quello di sperimentare un po': se non si stanno facendo foto pubblicitarie su commissione, gli "errori" di valutazione del bianco sono sempre una ricchezza in termini di esperienza e di creatività. Poi una colorazione indesiderata può sempre essere modificata con i programmi di ritocco fotografico.

Quando si scatta con tempi di otturazione lunghi c'è sempre il rischio di ottenere foto mosse: a velocità di otturazione pari o inferiori di 1/15 di secondo, tale rischio si presenta come una drammatica certezza. Il consiglio è quindi quello di munirsi di un cavalletto.
Un altro consiglio è quello di non esagerare alzando i valori ISO (quelli relativi alla sensibilità del sensore), perché il "rumore" dovuto alla elevata sensibilità tende a imporsi con maggiore evidenza soprattutto nelle aree scure dell'immagine.

Scattare in controluce

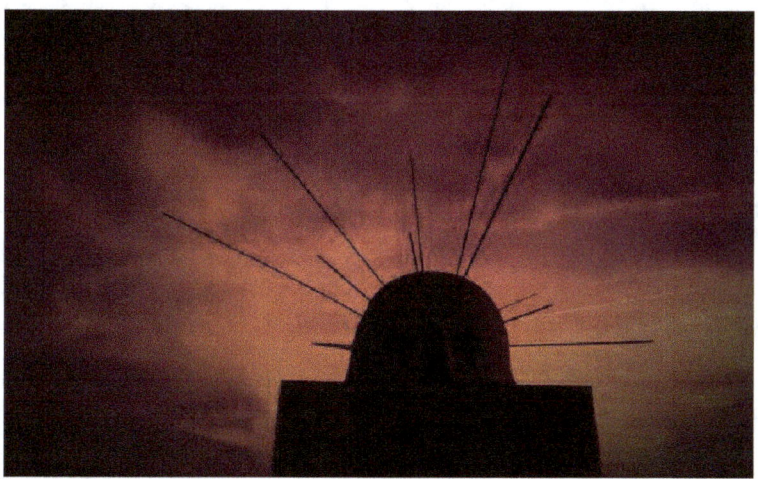

Posizionando il soggetto tra la fotocamera e il sole, e quindi lavorando con la luce diretta e non diffusa, possiamo ottenere risultati di forte impatto grazie all'alto contrasto che caratterizzerà i nostri scatti. Questa tecnica è nota con il nome di **controluce** o contre-jour.

Il controluce viene maggiormente utilizzato per la tecnica della **silhouette**: posizionando il soggetto di fronte ad una vasta zona luminosa, la fotocamera sottoesporrà automaticamente il soggetto, lasciando la sua forma, la sua sagoma come unico indizio circa la sua natura.

Un buon consiglio per quel che riguarda la silhouette è quello fare in modo che il soggetto copra interamente la fonte luminosa o il sole, in modo da scongiurare il rischio di non riuscire a registrare nessun tipo d'informazione a causa della intensa luminosità presente sulla scena.

Quando decidiamo di adottare questa tecnica per personalizzare i nostri scatti, bisogna tener presente che quello che alla fine resterà nella nostra fotografia, sarà soprattutto la forma del soggetto; quindi, al fine di ottenere scatti forti e d'impatto, dobbiamo prestare una particolare attenzione nei riguardi della forma del soggetto e della sua posizione nell'aria di scatto.

Qualsiasi cosa caratterizzata da una forma interessante può creare silhouette efficaci.

Quando si effettuano scatti di oggetti traslucidi, il controluce ha inoltre **la straordinaria caratteristica di farci "vedere dentro"**.

A seconda del soggetto fotografico si otterranno effetti e sensazioni differenti: se prendiamo una foglia e la disponiamo tra la fotocamera e la fonte luminosa, saremo ad esempio in grado di poter osservare con accuratezza tutte le sue venature.

Con oggetti colorati, se ben esposti alla luce, saremo in grado di cogliere i dettagli più minuti e di ottenere colori al contempo saturi e luminosi. (In questo caso il trucco è di non sovraesporre e di sperimentare, giocare, "danzare" un po' attorno all'oggetto).

L'effetto "luce bordo" è un altro particolare tipo di controluce nel quale la sorgente luminosa è disposta posteriormente al soggetto ed al contempo lievemente decentrata. A seconda del soggetto, della sua forma e dello sfondo, il risultato sarà quello di avere soggetti dai contorni luminosi e quasi brillanti che potranno creare immagini d'impatto.

· Il controluce può essere anche utilizzato per ottenere lunghe ombre verso la fotocamera.
· Per ottenere silhouette di maggiore forza e impatto provate ad usare soggetti molto riconoscibili o del tutto astrusi, nel caso vogliate creare foto astratte.
· Il controluce può essere usato anche nei ritratti, soprattutto nei profili di volti e di corpi.

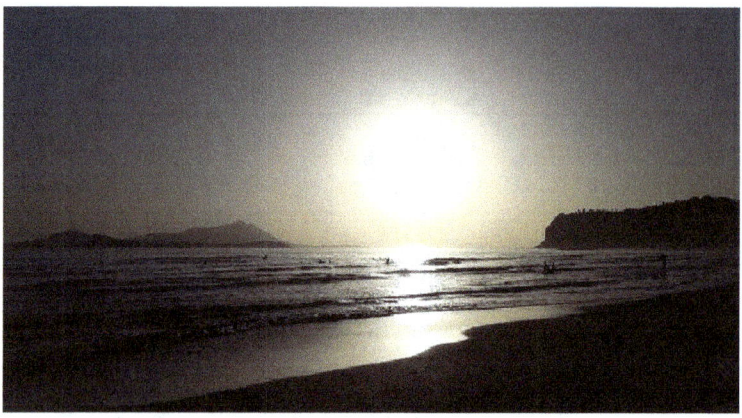

La rifrazione si può manifestare in molte situazioni di scatti in controluce sotto forma di macchie esagonali che invadono i nostri scatti (forma data dalla disposizione delle lamelle dell'apertura del diaframma che incontrano la luce del sole o di fonti luminose artificiali.

Tale effetto può essere voluto o non voluto. Per scongiurare la presenza di rifrazione, dovuta ai riflessi interni all'obbiettivo, si può utilizzare un paraluce, ossia un accessorio di forma cilindrica o a forma di petalo da avvitare o agganciare all'estremità dell'obiettivo.

(ATTENZIONE!) Spesso, abituati allo schermo dei cellulari e delle fotocamere, dimentichiamo che un obiettivo è l'esatto prolungamento del nostro occhio, Quindi, quando si guarda attraverso il mirino della fotocamera, bisogna assolutamente evitare di guardare verso una intensa fonte luminosa, soprattutto se è impostato lo zoom: potremmo bruciare il sensore della nostra fotocamera (il male minore) e potremmo mettere in serio pericolo la nostra cornea e la nostra vista (decisamente il male peggiore). Non puntate mai la fotocamera verso il sole o verso fonti luminose intense se non avete filtri adeguati montati sull'obiettivo!

Altri modi di comporre

Armati di qualche nozione in più riguardo alla "luce", torniamo un po' a parlare di composizione.

Individuare cornici nella cornice

I primi ad aver individuato e utilizzato la tecnica della "cornice nella cornice" sono stati i pittori paesaggisti, poi, con l'avvento della fotografia, i fotografi hanno quasi sin da subito fatto proprio questo "trucco" per donare ai propri scatti più forza e interesse e renderli più evocativi.

Le tecniche di utilizzo sono molteplici, e molteplici sono gli effetti e i risultati ottenibili. Questa tecnica compositiva è molto utilizzata nella **fotografia paesaggistica**: muri, alberi o altri elementi presenti nella scena possono essere utilizzati per incorniciare l'immagine e per condurre l'occhio dello spettatore verso un soggetto o una veduta più distante.

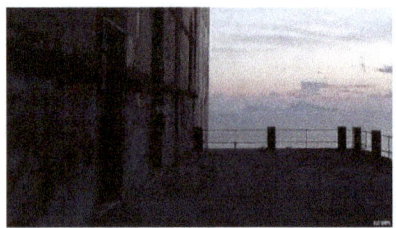 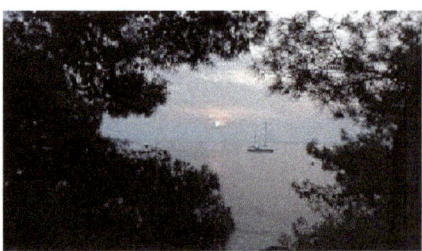

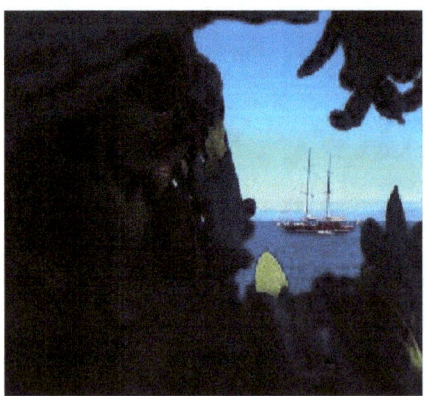

La tecnica è stata da sempre molto utilizzata e, per tale ragione molti fotografi la considerano alquanto banale, ma ciò non toglie che, attraverso questo semplice escamotage, possiamo donare una straordinaria profondità alla composizione e accompagnare con grande naturalezza l'occhio dell'osservatore verso particolari aree presenti nei nostri scatti.

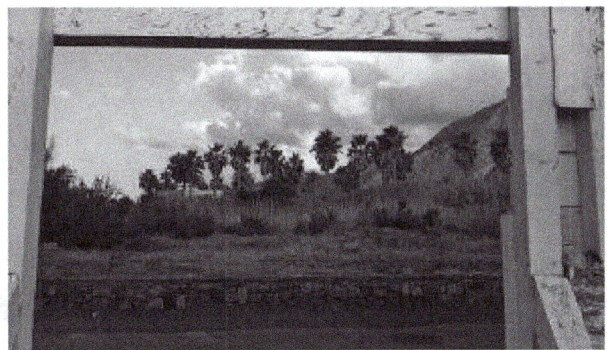

L'osservatore proverà la sensazione di osservare dallo stesso punto di vista dal quale ha osservato il fotografo al momento dello scatto: in molti casi si trasmetterà la condivisione di un'esperienza, un momento particolare la vicinanza intima, aggiungendo in tal modo significato al soggetto ritratto.

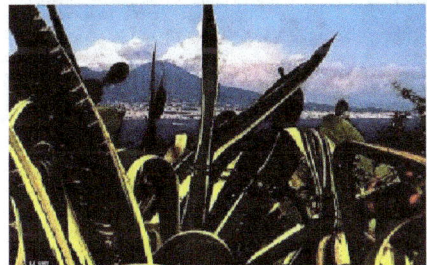

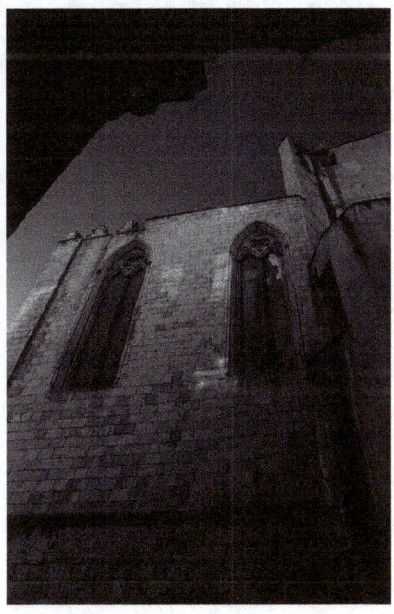

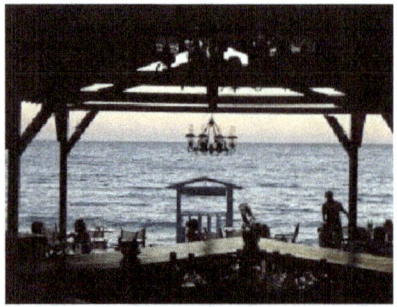

Forzando un po', si potranno creare anche cornici in post-produzione, semplicemente versando colore sui nostri scatti.

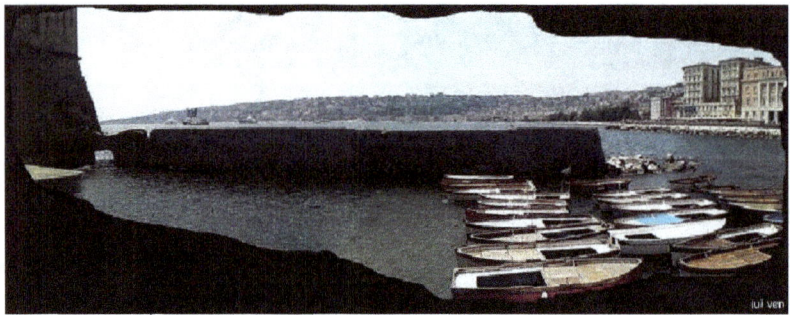

Per quel che riguarda la **messa a fuoco**, consiglio di fare un po' di prove: di solito la cornice nella cornice funziona meglio se sia il bordo o i bordi posti in primo piano, sia i soggetti disposti in lontananza, sono messi perfettamente a fuoco, ma non è sempre detto: ogni scatto è un'esperienza intensa e del tutto particolare, un'esperienza irriducibile a qualsiasi regola calata dall'alto. È questo il bello, no?

Ad esempio potremmo un po' sfocare all'esterno, lasciando sia la cornice, sia il soggetto in lontananza perfettamente a fuoco, oppure potremmo fare un'infinità di altre cose ancora...

Ci si può ad esempio allontanare un po' dai bordi che vorremmo usare per incorniciare la scena e dirigere un obbiettivo zoon in modo da avvicinarsi al soggetto lontano e metterlo a fuoco, per poi ridurre lo zoom includendo anche i bordi (questo in caso di scatti nelle modalità semiautomatiche) oppure si può giocare un po' con l'apertura del diaframma e la profondità di campo.

Nella ritrattistica questa la tecnica della cornice nella cornice presenta altre peculiarità: dato che spesso il soggetto è posto alla stessa distanza della cornice, non sempre si riuscirà a rendere il senso di profondità. In questi casi la cornice conterrà visivamente il soggetto o i soggetti, contribuendo a dargli valore e a esaltarne il significato.

Talvolta poi possono essere proprio le cornici ad essere i soggetti dei nostri scatti.

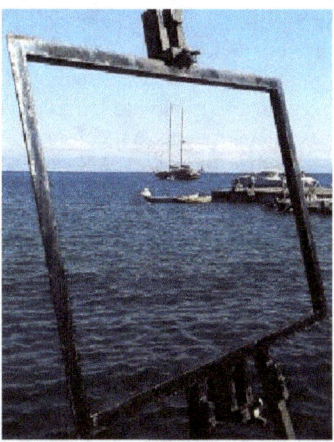

Una cornice, proprio come spesso accade con lo sfondo, se portatrice di significati può concorrere a contestualizzare la fotografia nello spazio e nel tempo: ad esempio una cornice di case basse e coloratissime potrebbe dirci, attraverso le sue forme e i suoi colori, che la foto è stata scattata in Messico, o comunque in un luogo del Centro America o dell'America latina.

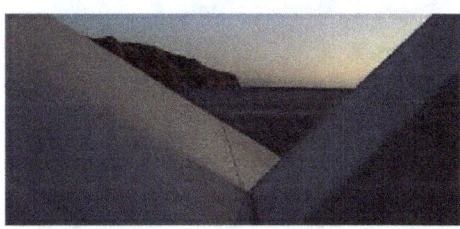 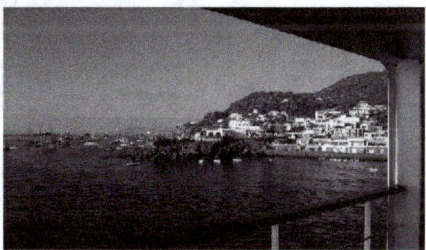

(Queste cornici possono aiutarci a complendere che le foto sono state scattate dal ponte di una nave)

Comporre con il colore

Il colore, in fotografia come nella vita, è un elemento dalla straordinaria forza evocativa: riesce a toccare l'animo delle persone in maniera consapevole o inconsapevole; è da solo portatore di significati.

La verità è che molte nozioni sul colore le conosciamo o le percepiamo già a livello inconscio: ad esempio, come abbiamo già avuto modo di vedere, il rosso è evocatore di sentimenti forti e decisi come la passione; è il colore caldo per eccellenza che dona sensazioni di tepore.

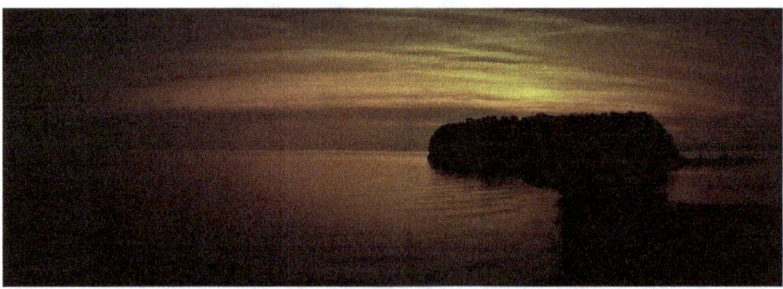

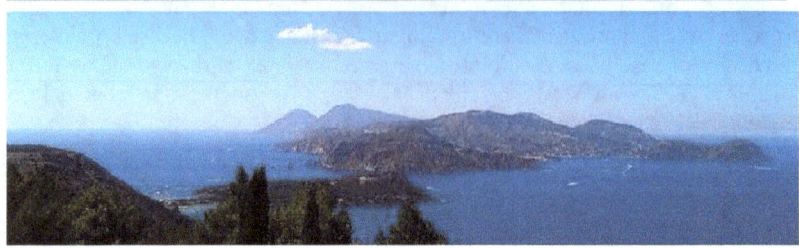

I colori caldi di un tramonto sanno catturare lo sguardo più di un blu. Il rosso è un colore "prominente", ossia viene percepito come più vicino di quanto non lo sia veramente; attrae la nostra attenzione e mette in evidenza i soggetti. Il blu è uno dei colori più "arretrati", nel senso che la nostra vista lo percepisce più distante di quanto non sia veramente. Il blu evoca un sentimento di pace e continuità, di silenzio ed eternità.

Blu e rosso, nonostante le loro profonde differenze, sono colori che si sposano benissimo, creando bellissimi contrasti.

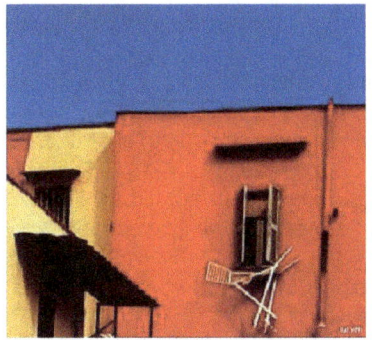

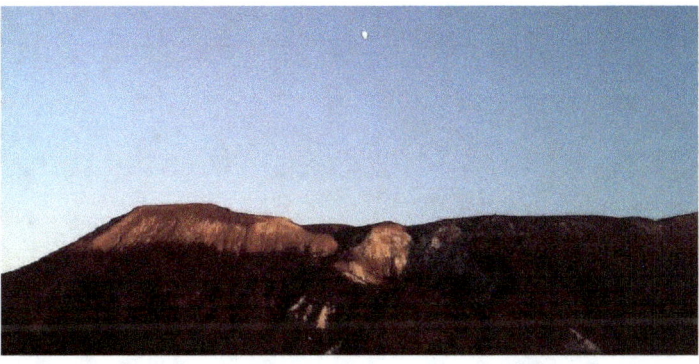

Il verde, "arretrato" come il blu, è il colore della natura e simboleggia la vita, il rinnovamento e la speranza. Come il blu, anche il verde si sposa bene con il rosso.
Il giallo è un altro colore "prominente" quasi come il rosso: è in grado di mettere in evidenza una particolare area di una scena e di farla apparire al nostro sguardo come più vicina. Il giallo evoca il giorno, l'estate, il tepore, ma anche il fuoco.
Questi sono i quattro colori più importanti dello spettro del visibile.
Giocando un po' in post-produzione rimarremo stupiti da come una fotografia possa acquisire valore e interesse semplicemente regolando la saturazione dei colori.
Bisogna tenere presente che, mentre i colori molto saturi hanno il potere di attrarre la nostra attenzione, (per questo sono molto usati nel campo pubblicitario, nei segnali stradali e delle carte regalo), di solito sono i colori tenui a riuscire a imprimersi in maniera più profonda e duratura nella nostra memoria, soprattutto quando sono sapientemente usati nei ritratti e nelle foto paesaggistiche.

I colori tenui, o insaturi, sono molto evocativi e ci spingono verso la riflessione, non togliendo nulla al soggetto.

Potrete desaturare un colore molto luminoso utilizzando una lunga focale in condizioni di luce soffusa:la luce viene rifratta maggiormente dalle particelle presenti nell'aria se si scatta da lunghe distanze.

Tuttavia obbiettivi zoom a lunga focale potrebbero non farci ottenere l'inquadratura desiderata, quindi potete usare qualsiasi programma di ritocco fotografico: anche i programmi base e gratuiti sono in grado di fornire un ottimo controllo sulla saturazione e la luminosità dei vostri scatti.

Infine, per trovare colori saturi senza ricorrere alla post-produzione, scattate a metà di un giorno di sole, nelle ore in cui le ombre non sono tanto lunghe ed invadenti da interferire sulle campiture.

Se volete invece dei rossi, dei gialli e degli arancioni molto intensi, attendete i minuti prima del calar del sole.

La regola della semplicità

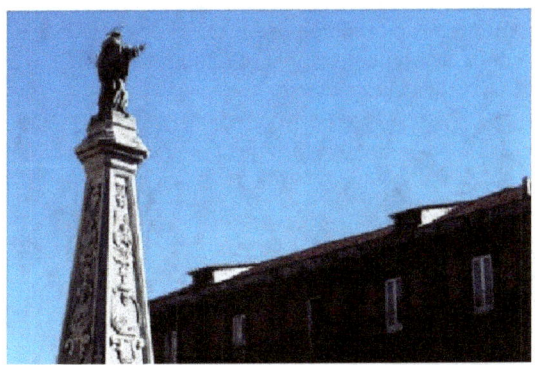

Quasi tutti i fotografi alle prime armi vorrebbero catturare troppo, forse persino tutto quello che riescono a vedere con i propri occhi: ma può mai essere possibile paragonare una fotocamera, per quanto avanzata sia, a degli occhi con dietro un cervello, delle emozioni e una storia?

Numerosi studi hanno dimostrato che, se si guarda una persona mentre la si ascolta parlare tra una folla vociante, si comprende circa il 25% in più delle sue parole. L'occhio e il cervello umani riescono a sintetizzare e a focalizzarsi sul soggetto in una scena anche molto complessa, la fotocamera no, e questa è una cosa da tenere sempre presente. (Vi è mai capitato di essere richiamati sul pianeta Terra dalla vostra Lei o dal vostro Lui: "Guardami quando ti parlo!" Bé, possiamo dire che non hanno tutti i torti).

Una fotografia ha il grande pregio di poter catturare un attimo, rubarlo allo scorrere vorticoso e inesorabile del tempo e delle emozioni in corsa che compongono una vita unica e qualunque, ma non gli si può chiedere di contenere tutto. Beninteso, possiamo far entrare in un nostro scatto tutto il panorama che abbiamo davanti in quel determinato momento, ma in questo maniera il rischio è proprio quello di creare fotografie di scarso interesse e incisività. Troppi soggetti, creano la mancanza del soggetto e fanno scemare l'interesse. Più l'immagine è sgombra da dettagli inutili e più essa sarà incisiva e potente.

Una maniera semplice e veloce per creare un immagine potente è quella di individuare un soggetto e guardarlo da diverse angolazioni, senza timore di girarci intorno, appoggiare un ginocchio a terra, sedersi, stendersi: niente paura, se avrete una fotocamera in mano non vi prenderanno per matti.

Se ad esempio si vuole fotografare una spiaggia d'estate, creando una composizione che includa il bagnasciuga, il mare con le sue onde e qualche bagnante, camminate un po', modificate prospettiva e posizione del corpo; di sicuro rimarrete stupiti delle infinite possibilità creative derivanti già soltanto dalla posizione in cui scatterete, unita alle differenti illuminazioni che troverete. (La luce e il colore in fotografia sono importanti quanto il soggetto e talvolta possono essere esse stesse il soggetto).

Anche foto minimali potranno rendere bene il senso dell'estate, come lettini posti in fila, magari alternati da ombrelloni colorati, oppure semplici lembi di un ombrellone che si scagliano su un cielo azzurro e terso.

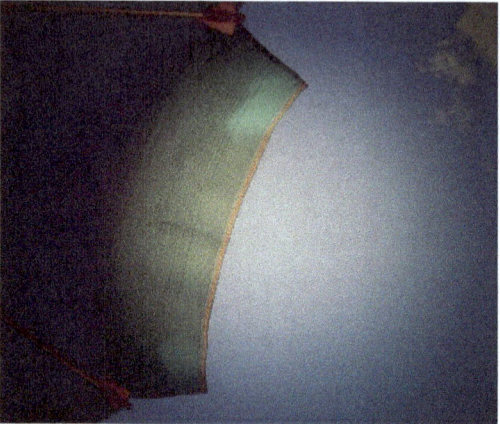

In città si potranno utilizzare dettagli di palazzi, semplici tracce ad evocare il tutto, e si resterà stupiti nello scoprire quanto sia appagante riuscire a comporre fotografie in grado di evocare qualcosa, piccola o grande come uno stato d'animo, che non può essere inclusa fisicamente nell'area del fotogramma, ma che comunque c'è.

Comporre con le linee diagonali

Le linee verticali o perfettamente orizzontali strutturano bene le nostre fotografie, ma per dare maggiore dinamicità ai nostri scatti quello che ci può servire è una composizione con le linee diagonali, in quanto queste presentano la caratteristica di condurre lo sguardo dell'osservatore attraverso la nostra fotografia, soprattutto quando conducono verso il soggetto di una foto.

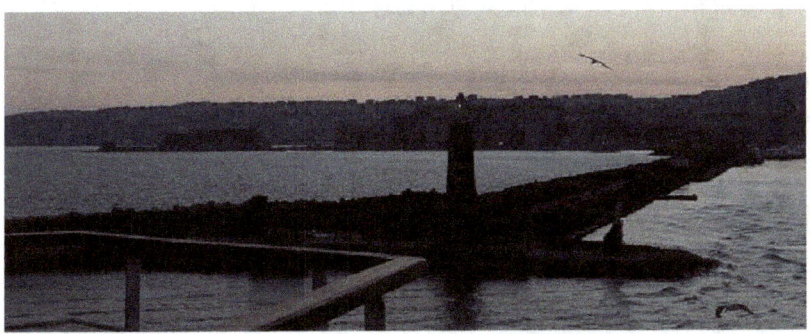

Le linee diagonali in questo caso funzionano meglio se salgono da un terzo in basso a sinistra di una foto sino all'angolo in alto a destra, ma, se si vuole dare un senso di movimento verso di noi, bisogna fare l'esatto contrario.

Per quel che riguarda la simmetria, se le diagonali devono servire per condurre lo sguardo degli osservatori, il consiglio è quello di evitare una linea che attraversi una fotografia da un angolo all'altro. Le diagonali hanno maggior efficacia se iniziato da uno o due terzi della scena e salgono fino ad uno o due terzi lungo la fotografia.

Se invece l'intento è quello di esaltare le differenze tra due aree di una particolare scena allora una divisione che attraversi l'intera fotografia è in grado di svelare la particolare sensazione che vogliamo esprimere creando una fotografia d'effetto.

Una sola diagonale in genere basta a rendere una sensazione di dinamicità e a condurre l'occhio verso una particolare area della scena, ma più diagonali contrapposte possono aggiungere tensione ai nostri scatti, creando anche un senso di confusione: vale la pena sperimentare e capire se è la sensazione che vogliamo rendere.

Le diagonali sono davanti a noi infinite volte: strade, rotaie, muretti di pietra, nubi, luce che s'infrange sulla vetrata di un grattacielo, o su di un pavimento ripreso dall'alto. Anche il mondo naturale spesso, anche se di solito con forme e colori meno netti, ci fornisce ottime diagonali.

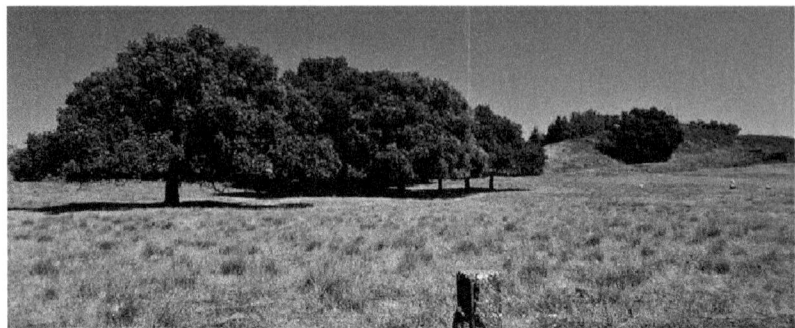

Man mano il nostro occhio fotografico si affinerà e inizieremo a riconoscerle quasi istintivamente e a saperle usare per i nostri scopi artistici, ossia per esprimere le nostre sensazioni, il senso di movimento e per rendere i nostri scatti pregni di significato.

Comporre con le curve

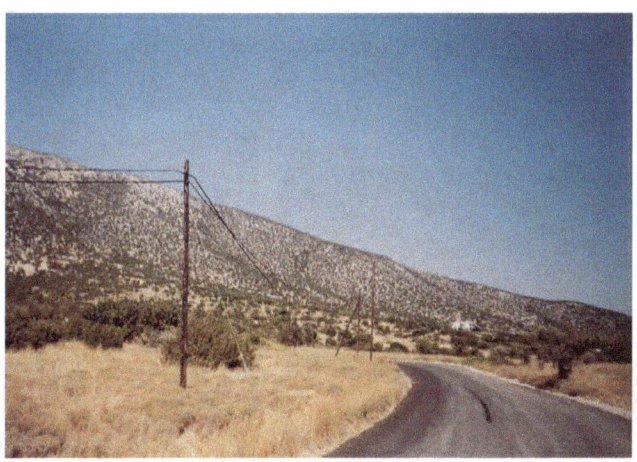

Le curve, come le linee diagonali, hanno la caratteristica di aggiungere grande dinamismo ai nostri scatti e di condurre lo sguardo dell'osservatore attraverso la fotografia.

Alcune curve contrapposte possono inoltre aggiungere alla composizione di una foto sensazioni di confusione e tensione.

La **curva a S** è, nella composizione, la più potente e, oltre a donare movimento, aggiunge grazia ed equilibrio ai nostri scatti.

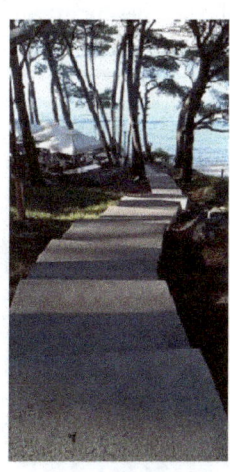
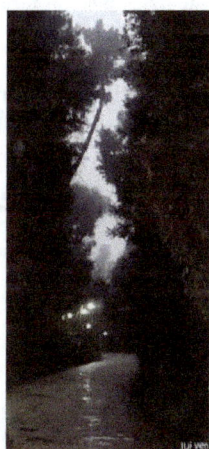

Il mondo è pieno di curve a S, naturali, come un bagnasciuga, o artificiali, come ad esempio un sentiero, che, se ben inserito in un'immagine, sa rendere all'osservatore la sensazione di un viaggio sia in senso letterale che metaforico.

Bisogna inoltre considerare che le curve possono essere formate da elementi più o meno solidi e più o meno permanenti, anche molto volatili, come ad esempio rami mossi dal vento o un il bagnasciuga di un mare che avanza e si ritrae, quindi, regolando il tempo di otturazione, bisogna essere sempre pronti a saperle cogliere.

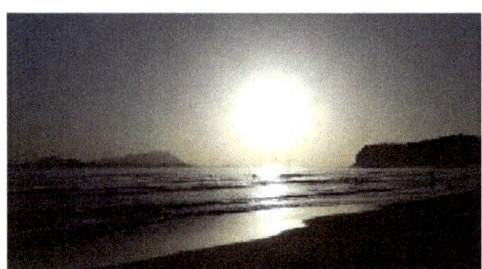 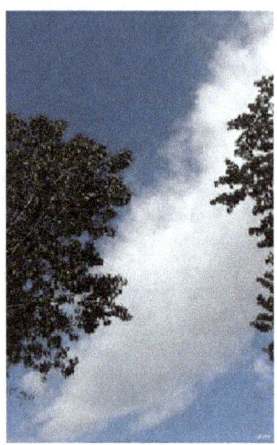

Le linee curve, come le diagonali hanno il potere di condurre lo sguardo dell'osservatore; sono linee che guidano gli occhi per l'area dell'immagine e li conducono verso il soggetto della foto.

Di solito le linee guida di dimostrano più efficaci se partono dal bordo dell'immagine (ancor più se quello in basso a sinistra, perché i nostri occhi sono più abituati a leggere da sinistra verso destra) portando lo sguardo verso il soggetto della fotografia. In genere è consigliabile che la linea guida che parte da un bordo dell'immagine non l'attraversi per intero e non esca dall'altra parte, perché si potrebbe correre il rischio che lo sguardo dell'osservatore percorra la linea guida senza soffermarsi sulla fotografia.
Le linee curve possono essere usate anche per incorniciare naturalmente un'immagine.

Ci saranno numerose occasioni nelle quali poter sperimentare la composizione con le linee, in composizioni anche molto semplici come ad esempio quelle di un albero ritratto dal basso.

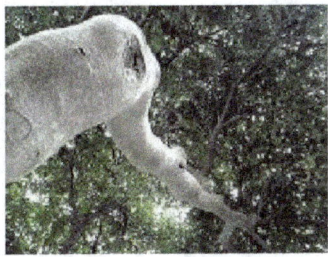 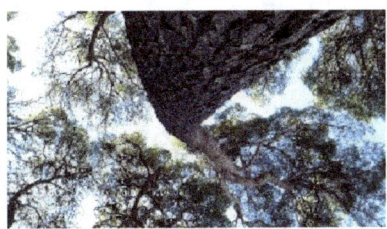

Comporre con le linee orizzontali

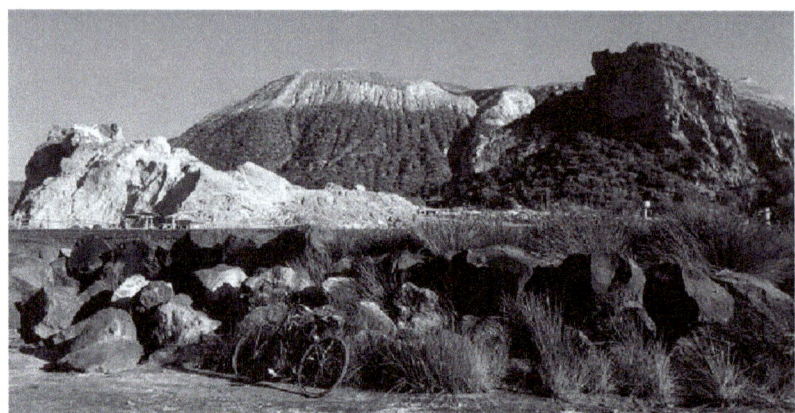

Nella composizione fotografica, le linee, indipendentemente se siano verticali, orizzontali o curve, figlie della natura, come in un tranquillo paesaggio campestre, o di origine artificiale, come in un paesaggio cittadino formato da palazzi svettanti, hanno la straordinaria capacità di donare interesse ai nostri scatti, facendo scorrere lo sguardo dell'osservatore attraverso tutta l'area della fotografia.

Le linee orizzontali spiccano di più in una foto scattata in formato paesaggio, o orizzontale, e in questi casi mostrano di solito la caratteristica di dorane alla foto una sensazione di calma, stabilità e continuità.

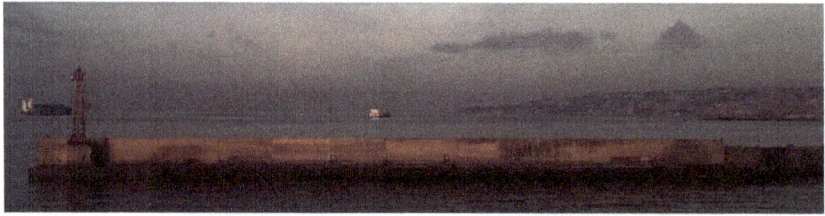

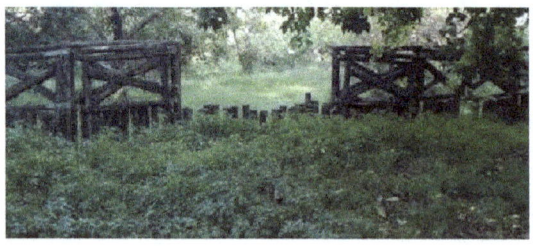

Un buon consiglio è sempre quello di sperimentare, quindi provate a girare la fotocamera di 90° e a scattare in formato ritratto; anche se troppe orizzontali potrebbero in questo caso far correre il rischio di far stancare un po' l'occhio dell'osservatore, noterete come lo sguardo tenderà a scorrere il fotogramma dall'alto verso il basso, cosa che potrebbe donare ad alcuni scatti più movimento, rendendoli più accattivanti.

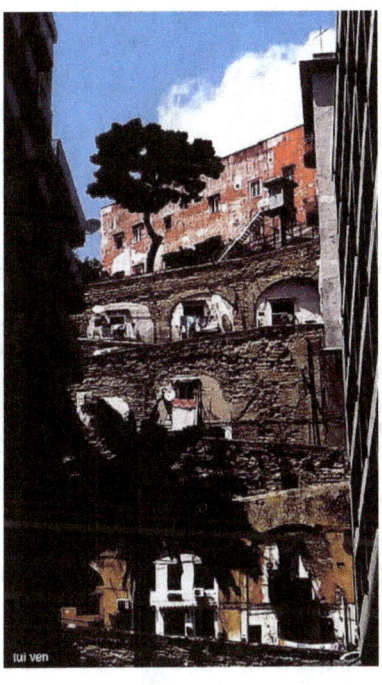

Nelle foto di paesaggi marini, un semplice orizzonte interrotto potrebbe apparire monotono e grigio, quindi il consiglio è quello di inserire nel fotogramma altri elementi, come alberi colline e un po' di riva, di bagnasciuga, a meno che non sia vostra intenzione trasmettere all'osservatore uno specifico stato d'animo.
Un altro categorico consiglio, a meno che non si vogliano creare composizioni intenzionalmente originali, è quello di tenere la vostra fotocamera in bolla, o di raddrizzare la foto in post-produzione: non sarebbe possibile vivere su un pianeta dove il mare pende da una parte!
Quando fate entrare la linea dell'orizzonte nei vostri scatti, prendete anche in considerazione la regola dei terzi: le immagini potrebbero funzionare meglio se

l'orizzonte è disposto un terzo sopra o un terzo sotto al centro dell'immagine, ma, anche se è un ottimo metodo, ricordatevi che è soltanto una regola generale e ci saranno innumerevoli occasioni in cui otterrete bellissimi scatti anche ponendo l'orizzonte nell'esatto centro di una foto.

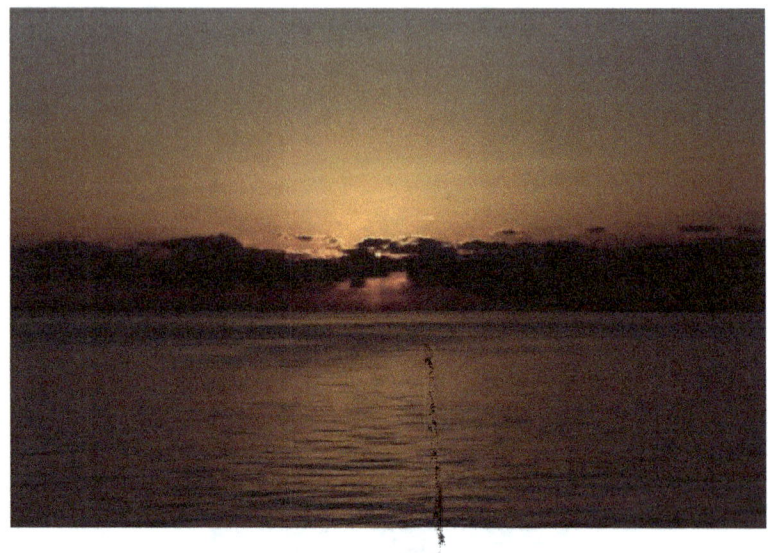

Comporre con le linee verticali

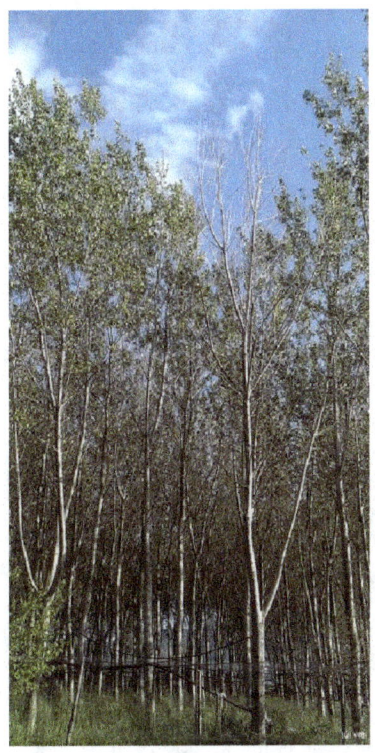

Anche la composizione fotografica con le linee verticali è capace di trasmettere grandi emozioni, infatti i sentimenti che ne possono scaturire sono quelli di potenza, grandiosità e forza compositiva.

Numerose regole che si applicano nella composizione con linee orizzontali sono validissime anche per la composizione con le linee verticali, come ad esempio quella di mantenerle parallele ai bordi dell'immagine.

Questo ultima regola potrebbe risultare di difficile applicazione, perché spesso, nel tentativo di cogliere i soggetti nella loro interezza, puntiamo la fotocamera verso l'alto, e questa cosa ci pone davanti al problema delle **verticali convergenti**, per il quale ad esempio un palazzo, un albero, o un oggetto allungato tendono a restringersi, man mano che si guarda in alto nel fotogramma. (Per intenderci, un po' lo stesso effetto del cosiddetto "punto di fuga", quando le rotaie sembrano congiungersi in un unico punto man mano che si allontanano). Molte volte questo è un effetto voluto dal fotografo per conferire al soggetto un senso di forza e di imponenza, ma ci sono tanti casi nei quali è del tutto indesiderato.

Per sopperire al fenomeno delle verticali convergenti si può:

Utilizzare una ottica decentrabile (questi tipi di obiettivi sono un po' costosi, ma possono essere comunque un ottimo investimento per chi, ad esempio, fa foto architettoniche);

Utilizzare un programma di ritocco fotografico (anche i programmi free in molti casi sanno togliere dai nostri scatti le distorsioni prospettiche indesiderate);

Cercare di allontanarsi dal soggetto e scattare una foto, se possibile in formato RAW (ossia grezzo), in modo da poterla rifilare poi in post-produzione senza perdere molta risoluzione.

Se nella foto che intendete scattare c'è un solo oggetto verticale, potrete anche in questo caso applicare la regola dei terzi, non ponendolo al centro dell'inquadratura, ma disponendolo ai lati della composizione, sempre che non pensiate che in quel determinato caso la simmetria non possa arricchire maggiormente la composizione. (Ricordate siete sempre voi i padroni dei vostri scatti, e nessuno può dirvi cosa è bello e cosa no, in fondo la vera via da seguire è quella di sperimentare, provare e divertirsi!).

Un altro piccolo consiglio è quello di provare entrambe i formati: molte foto verticali sono scattate con la fotocamera posta in verticale, forse perché si pensa che in tal modo si possa esaltare l'altezza degli oggetti, ma non è detto che sia così, quindi fate una prova anche scattando in modalità paesaggio: numerose linee verticali affiancate hanno in molti casi il potere di esaltare l'ampiezza della scena e comporre motivi anche molto suggestivi.

Le verticali convergenti non sono sempre nostre nemiche, ma anzi, nella maggior parte dei casi, sono buone alleate di meravigliosi scatti, aggiungendo all'immagine bidimensionale un senso di profondità e, potremmo dire, di materia palpabile, guidando l'occhio dell'osservatore dal primo piano fino all'infinito; come in una fotografia di una strada che taglia un bosco, di rotaie che si allontanano tra gli alberi, o di un campo nel quale sono ben visibili i solchi dell'aratro.

Qualche semplice consiglio per la fotografia di ritratto

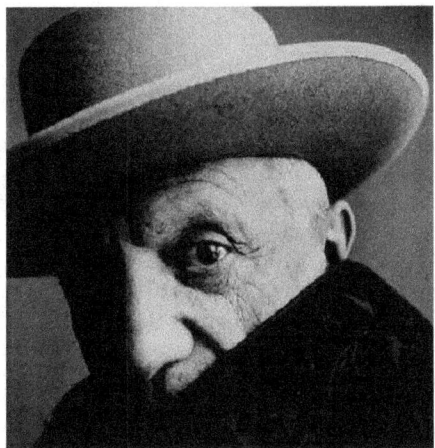

(Picasso ritratto da Man Ray)

Nella fotografia ritrattistica bisogna prestare una particolare attenzione alla **messa a fuoco**: spesso la differenza tra una foto spettacolare e una foto orribile e da individuare proprio in una corretta o sbagliata messa a fuoco.

Il soggetto dei nostri scatti deve essere perfettamente a fuoco, scelte artistiche particolari a parte. Non affidiamoci unicamente ai potenti sistemi di autofocus in dotazione delle fotocamere, ma studiamo un po' le foto prima e dopo lo scatto, alleniamo il nostro "occhio fotografico" e cerchiamo di essere un po' intransigenti con noi stessi: se il soggetto non è perfettamente a fuoco cestiniamo la nostra foto definitivamente!

Un occhio fotograficamente allenato si accorgerà subito dei nostri errori di messa a fuoco. Un'erronea messa a fuoco è uno degli errori più sgradevoli e lampanti in fotografia, particolarmente se è un ritratto.

Prima dello scatto bisogna individuare qual è il nostro soggetto e metterlo perfettamente a fuoco.

"A me gli occhi!" Nel caso di ritratti, la parte del corpo degli esseri viventi da mettere perfettamente a fuoco sono gli occhi, e in particolare l'occhio più vicino all'obiettivo. Quindi puntiamo la nostra fotocamera e la nostra attenzione su quell'occhio!

Una regola valida per le fotografie paesaggistiche che vale anche per i ritratti è quella di **evitare il disordine**.

Nella foto ritrattistica va valutato attentamente quello che sta dietro al soggetto.

Ad esempio, sperimentazioni artistiche a parte, bisogna prestare particolare attenzione che non ci siano oggetti allungati dietro la testa del nostro soggetto, quali rami, aste eccetera, per non dare la sgradevole sensazione che tali oggetti gli stiano trapassando il cranio (errore che stranamente riscontro in molte fotografie di ritratto).

Per pulire uno sfondo un po' troppo confusionario dietro al nostro soggetto e per far sì che l'attenzione cada su di esso possiamo lavorare con la **profondità di campo**.
Anche in questo caso è buona cosa ricordarsi della **regola dei terzi** e della e della **sezione aurea**: intendiamoci, non sempre porre il soggetto al centro dei nostri scatti è un errore, anzi in alcuni casi è la scelta compositiva più appropriata, in grado di donare vigore e dinamismo alle nostre fotografie, ma seguendo la regola dei terzi e la regola della sezione aurea ci accorgeremo che porre il soggetto decentrato farà acquistare ai nostri scatti uno straordinario dinamismo, costringendo l'occhio dell'osservatore a percorrere l'intera area della nostra immagine.
Un altro errore che è facile compiere nel caso delle fotografie di ritratto è quello di non dare all'**inquadratura** l'attenzione che merita. Quanti miliardi di foto circolano nel mondo con la solita noiosa inquadratura ad altezza occhi? Girate intorno al soggetto, salite su qualcosa che vi permetta di scattare dall'alto. Inginocchiatevi o stendetevi a terra, questo soprattutto quando state scattando ad animali di molto più bassi di voi come possono essere una lucertola o un gatto. Insomma sperimentate un po' per trovare l'inquadratura giusta per il soggetto che state fotografando e per quello che volete esprimere.
Un'altra cosa orribile è quella delle amputazioni che vengono compiute ogni giorno da fotografi troppo frettolosi! Se una bella modella ha delle belle gambe e delle belle braccia tornite perché amputargliele al momento del vostro scatto? E quante volte ci dimentichiamo che gatti, cani o lucertole hanno anche delle belle code e delle simpatiche zampette! (Questa è una cosa alla quale bisogna fare attenzione anche quando ritraiamo alberi, fiori o piante). Ricordiamoci di includere le braccia e le mani dei nostri soggetti anche nelle inquadrature a mezzo busto, magari facendogli disporre le braccia piegate sui fianchi, oppure, nel caso nel quale vogliamo delle braccia distese, possiamo scegliere un "inquadratura americana", inquadrando il soggetto fino al ginocchio o comunque includendo il bacino.
Il problema del **mosso** e del **micro-mosso** può verificarsi anche a causa di una errata impostazione della velocitàdi otturazione ed è da imputarsi tanto al movimento della mano del fotografo che alla velocità al quale si sposta il nostro soggetto.
La velocità dell'otturatore è un parametro fondamentale anche per regolare la quantità di luce che colpirà il sensore della nostra fotocamera.
Per poter ridurre il tempo di otturazioni in condizioni di scarsa luce ambientale, saremmo costretti a optare per l'apertura del diaframma, perdendo dettaglio sullo sfondo, o ad aumentare la sensibilità ISO. (Anche se l'aumento della sensibilità ISO, nonostante i prodigiosi progressi tecnici compiuti dagli attuali modelli di fotocamere,

comporta "rumore fotografico"; in ogni caso bisogna considerare che è meglio una foto un po' rumorosa piuttosto che una foto mossa).

Un buon metodo quando scattiamo senza cavalletto è quello di impostare un tempo di otturazione che sia pari alla lunghezza focale montata sulla macchina: se ad esempio stiamo utilizzando una focale di 200mm il tempo di scatto dovrebbe essere pari a 1/200 di secondo.

Evitate di sparare il flash in faccia al vostro soggetto!

Questo è un problema che si presenta soprattutto quando si utilizza il flash interno alla fotocamera che non è orientabile e può comportare i classici "occhi rossi", far apparire l'immagine piatta, ossia priva di profondità, e non dare rilievo ai contorni.

Quindi il mio consiglio è quello di evitare l'utilizzo del flash interno.

Nel caso dell'uso di un flash esterno orientabile, possiamo fare in modo che la luce del flash colpisca un muro bianco o una superficie di materiale riflettente posto accanto al nostro soggetto; questo può essere un "gioco" divertente e molto istruttivo: scopriamo come profondamente può mutare un volto a seconda della provenienza della fonte o delle fonti luminose che lo colpiscono.

La maggior parte delle foto possono essere eseguite anche senza l'uso del flash: come dicevamo prima, basta agire sull'impostazione della sensibilità del sensore (ISO), sull'apertura del diaframma e sulla velocità dell'otturatore. Per tempi di otturazione lunghi consiglio di munirsi di un solido cavalletto, vi assicuro che sono davvero soldi ben spesi!

Altri soldi bel spesi sono quelli investiti nell'acquisto di un flash decentrabile (ce ne sono anche di buoni e molto economici). Nelle situazioni di emergenza possiamo anche coprire con un semplice fazzoletto bianco il flash integrato della nostra fotocamera, anche se naturalmente il risultato non sarà sempre prevedibile come quello permesso dall'utilizzo di un flash esterno.

Quando si fotografano bambini, ci sono due regole che è buona norma seguire: quella di preservare la loro spontaneità, evitando di chiedergli di mettersi in posa e quella dimenticare la pigrizia e abbassare l'obiettivo alla loro altezza per poter entrare nel loro mondo. Quando si scattano foto dall'alto il loro volto risulterà molto più grande rispetto al resto del corpo, questa cosa può soltanto in qualche caso generare un effetto di simpatia, ma nella maggior parte dei casi genererà soltanto immagini mal riuscite.

Quando si fotografano animali domestici bisogna saperli ritrarre nelle loro attività abituali senza infastidirli cercando di fargli compiere cose contro la loro volontà. In questi casi bisogna sperimentare un po' con le velocità di otturazione al fine di ottenere scatti "taglienti", ossia con soggetti perfettamente a fuoco, e cercare di provare con varie aperture del diaframma per decidere quali aree della fotografia saranno messe a fuoco, ottenendo in tal modo fotografie connotate da una buona dose di creatività. Un trucco per mettere a loro agio gli animali domestici è quelli di ritrarli nei loro ambienti prediletti, come può essere ad esempio un sofà.

Poche semplici regole per fotografare la notte

Fotografare significa dipingere con la luce; ed è proprio quando di luce ce n'è poca che possono uscire fuori fotografie magnifiche.

Quando il Sole scivola sull'orizzonte verso l'altra parte del mondo, il nostro sguardo si può aprire su di un altro mondo, un mondo nel quale i nostri soggetti fotografici possono essere illuminati dalla flebile luce proveniente dalla Luna o dalle stelle, o nel quale i nostri soggetti possono essere proprio la romantica ed evocativa Luna o le stelle lontane.

Negli ultimi tempi la tecnologia in campo fotografico ha davvero compiuto passi da gigante: possiamo ad esempio scattare utilizzando sensibilità ISO davvero impensabili soltanto qualche anno fa. L'accresciuta facilità con cui possiamo eseguire fotografie notturne ha reso questo campo della fonografia più gratificante e abbordabile da una maggiore fetta di fotografi (anche quelli non muniti di attrezzature elaboratissime e all'ultimo grido).

Prima di tutto la sicurezza!
Se di notte ti avventuri in luoghi impervi o poco frequentati, cerca di farti accompagnare o informa qualcuno su dove stai andando e quando hai intenzione di fare ritorno.

Stai all'erta circa tutti i potenziali pericoli che potrai incontrare sul luogo (cerca di fare una precedente ricognizione di giorno): terreno accidentato o sdrucciolevole, corsi d'acqua, rocce, possibili punti in cui potresti cadere...

Considera che in genere di notte fa sempre più freddo, e che per eseguire i tuoi scatti starai fermo anche per lungo tempo, quindi porta con te degli indumenti appropriati e una bevanda calda come caffè o tè.

Tieni d'occhio la condensa, un buon metodo per evitare che possa danneggiare la tua attrezzatura è far acclimatare gradualmente la macchina al cambiamento del clima, non esponendola bruscamente al freddo dopo il caldo dell'auto o di casa.

Un altro consiglio è quello di portare con sé panni appositi per asciugare le ottiche e un kit per la pulizia della macchina fotografica.

Ora che sei pronto, **allontanati dalla luce!** Se il tuo scopo è fotografare il cielo, anche la più flebile luce proveniente dai centri abitati potrà rovinare i tuoi scatti.

Per ottenere belle foto del cielo notturno dovrai stare lontano dalla civiltà, anche se questa non è una regola ferrea, infatti potrai creare delle composizioni originali che includano in basso anche paesi o città.

Attrezzatura base per gli scatti in notturna
- Una fotocamera in grado di permetterti tempi di posa di almeno 30 sec. e una o due batterie cariche.

- Un ottica luminosa (f/1.4, f/2.8) in modo da non costringerti ad alzare troppo gli ISO. (Per **fotografare la Luna** utilizza un teleobiettivo dai 300 ai 600 mm, per fotografare un cielo stellato utilizza un grandangolare, con il quale potrai cogliere in un solo fotogramma una più ampia porzione di cielo).
- Un buon treppiede di permetterà di eseguire ottimi scatti con lunghi tempi di otturazione anche in condizioni di vento leggero.
Munisciti di un comando di scatto a distanza per evitare qualsiasi movimento alla macchina: con le macchine munite di connessione bluetooth, basta scaricare un app sul cellulare.
- Una buona torcia (o meglio due o tre) è la migliore alleata della tua sicurezza. Per non essere abbagliato è consigliabile utilizzarne una con filtro rosso.
- Il tuo cellulare sempre con te per la tua sicurezza, poi, se è uno smartphone è meglio, infatti ci sono molte cose che ti semplificano enormemente il compito, come ad esempio i siti www.in-the-sky.org e www.skymaponline.net i quali t'informano della posizione delle stelle. Poi ci sono app come "Sky View" con le quali basta puntare il tuo smartphone verso il cielo per conoscere i nomi delle costellazioni.

Le impostazioni della fotocamera:
Per quel che riguarda **la messa a fuoco** bisogna tener presente che i sistemi di autofocus non sono affidabili di notte. Bisogna quindi quasi sempre procedere con la messa a fuoco in modalità manuale e utilizzare lo schermo Live View, ingrandendo sulle aree illuminate nell'inquadratura, perché, focheggiando dal mirino, potrebbe risultare difficile individuare un soggetto isolato per la messa a fuoco.
Un altro consiglio è quello di regolare la messa a fuoco su un soggetto vicino all'obiettivo illuminandolo con la torcia elettrica.
Alzare la **sensibilità ISO** a valori molto elevati (3.200, 6.400 e oltre) aiuta a vedere la scena nello schermo, ma ricordati di abbassare la sensibilità alla luce del sensore ai valori che avevi stabilito in precedenza per evitarti una delusione fatta per metà di "rumore" e per l'altra metà di sovraesposizione.
L'esposimetro interno della fotocamera non serve nell'oscurità della notte perciò bisogna affidarsi all'intuizione e all'esperienza di precedenti scatti, dei tuoi successi e dei tuoi fallimenti.
Imposta l'esposizione in modalità manuale e scatta da 30 sec. a salire (Modalità "Bulb", così da tenere l'otturatore aperto durante tutto il tempo nel quale terrai premuto il tasto di scatto sul comando a distanza).
Per quel che riguarda **il bilanciamento,** il cielo notturno su molte fotocamere non corrisponde a nessun preset, per tale ragione può risultare alquanto difficoltoso ottenere toni corretti. I suggerimenti possono essere due: se si è vicino ad un centro abitato, utilizza "incandescenza", se invece sei al buio, prova "Sole diretto".
Scattando il RAW potrai comunque impostare in post-produzione il bilanciamento del bianco in maniera ottimale.

Scatti in notturna con condizioni di bassa luminosità

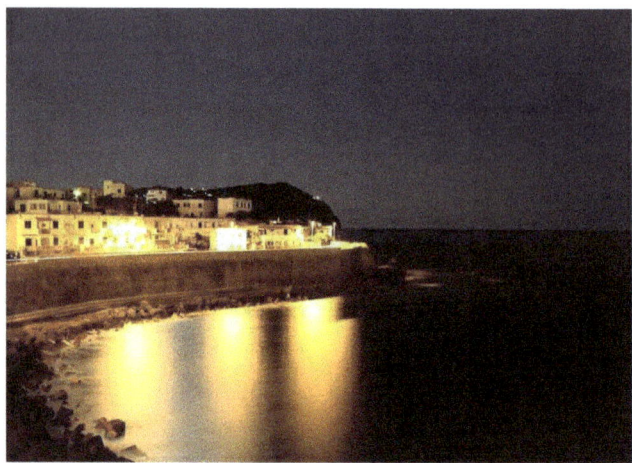

Troppe volte evitiamo di scattare in queste condizioni, magari perché abbiamo lasciato a casa il treppiedi, perché non abbiamo il tempo di scovare un luogo dove poter appoggiare la nostra fotocamera per darle stabilità per uno scatto con tempi medio-lunghi di otturazione, o perché scoraggiati da qualche altra difficoltà tecnica che incontriamo.

Armiamoci soprattutto di perseveranza, curiosità e di qualche piccolo strumento e lanciamoci in questa meravigliosa avventura che, anche attraverso errori – da vedere sempre come i migliori alleati per ogni nostro progresso – sicuramente sarà in grado di offrirci ottimi scatti!

La prima cosa da considerare è che in pratica qualsiasi scena è adatta per fotografie a bassa luminosità: ad esempio le città con i loro palazzi illuminati e con le loro strade trafficate e vive sono degli ottimi soggetti per le foto notturne, mentre le scene rurali riescono a trasmettere particolari emozioni se catturate nei minuti subito dopo il tramonto. (In media fino a circa mezzora dopo il tramonto, tranne che ai tropici, si riuscirà a ottenere una adeguata resa dei dettagli).

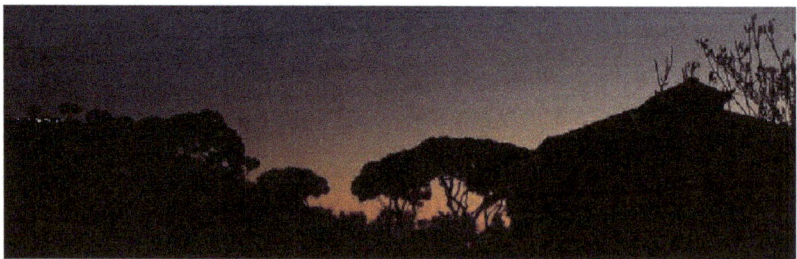

Il rumore è un problema ricorrente che "perseguita" gli amanti della fotografia in notturna. (Naturalmente il grado di rumore varierà a seconda dei vari modelli di fotocamere, della qualità dei loro sensori e dalla presenza o meno di eventuali loro software interni per la riduzione del rumore).

A prescindere dal nostro modello di fotocamera e della resa concernente la luminosità che è in grado di offrirci il nostro obiettivo, le contromisure generali da adottare sono queste (semplicissime e molto efficaci):
- Impostare il valore ISO più basso possibile;
- Servirsi di un treppiedi o di una superficie stabile sulla quale appoggiare la nostra fotocamera per i nostri scatti a medio-lunga otturazione;
- Se presente nella nostra fotocamera, utilizzare il software di riduzione del rumore (Tale processo in media raddoppia il tempo richiesto per l'elaborazione dell'immagine).

Quando scattiamo con le lunghe esposizioni può presentarsi la necessità di impostare il **bilanciamento del bianco manuale**.

Il bilanciamento automatico ponderato dalla nostra fotocamera potrebbe essere ingannato dalle numerose fonti luminose di varia natura che s'incontrano e, in qualche occasione, potrebbe neutralizzare il colore proiettato da alcune gradazioni luminose, facendo perdere magia ai nostri scatti.

(Ma, se non si stanno effettuando foto per le quali un committente ha espressamente richiesto che il bianco rimanga tale, il mio consiglio è quello di sperimentare con varie temperature di colore, i risultati potrebbero essere davvero strabilianti!

Nelle foto realizzate in condizioni di bassa luminosità bisogna considerare che la varietà delle fonti luminose e dei loro colori danno quel qualcosa in più ai nostri scatti; quindi oltre a scorgere, individuare e "catturare" fonti luminose da inserire nelle nostre composizioni, cerchiamo anche di prestare una particolare attenzione ai colori e alla loro "danza".

Come fotografare una fantastica luna

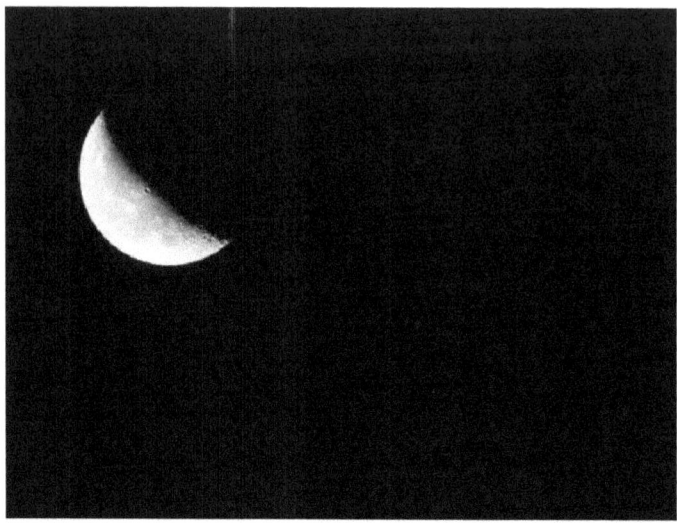

La Luna, da sempre ispiratrice di bellissimi versi, essendo il corpo celeste più luminoso delle nostre notti, può diventare anche il soggetto di suggestivi scatti.

Il nostro meraviglioso satellite, essendo così grande e vicino, può facilmente essere fotografato con un normale teleobiettivo e può essere considerato anche come il primo passo per avvicinarsi alla fotografia astronomica. La sua straordinaria luminosità ci consente inoltre di poter utilizzare tempi di otturazione alquanto rapidi, evitando l'utilizzo di un astroinseguitore (dispositivo dalle dimensioni ridotte in grado di simulare il movimento terrestre intorno al Sole, attraverso il controbilanciamento del moto apparente degli astri, al fine di eliminare l'effetto del mosso in fotografia).

Fotografare la luna è una cosa semplice, ma bisogna comunque conoscere qualche tecnica giusta per poter ottenere degli scatti ben riusciti:

Il primo passo è quello di **cercare la data giusta:** dove e quando sarà visibile la Luna? Quale porzione di Luna sarà illuminata dal Sole?

Per conoscere le fasi lunari ci sono una miriadi di app scaricabili sui nostri dispositivi mobili; le più gettonate sono The Photographer's Ephemeris e PhotoPills.

La fotocamera deve restare immobile: per far sì che le dimensioni dell'inquadratura siano ragionevolmente grandi serve un obiettivo tele almeno da 300mm e quindi si rende necessario assicurare la macchina su di un solido treppiede e usare un comando a distanza (per le macchine munite di wi-fi basta scaricare un'app gratuita sul proprio cellulare).

La maniera migliore per focheggiare la luna nell'oscurità della notte è attraverso lo schermo della fotocamera, in modalità "Live View". Un altro consiglio è quello di **provare diverse esposizioni.** La corretta esposizione dipende dalle condizioni atmosferiche e di luminosità: in consiglio è quello di partire, in modalità manuale, con ISO impostati su 800, tempo di esposizione su 1/250 sec e diaframma a f/5.6 e poi di correggere gli ISO o l'apertura del diaframma fino a quando la superficie lunare mantiene un dettaglio ottimale. Consiglio anche di non alzare troppo il tempo di posa per evitare di perdere nitidezza.

Per **riempire bene l'inquadratura** bisogna inoltre tenere presente che il nostro satellite non mantiene sempre una medesima distanza dalla Terra, in quanto ha un'orbita ellittica; ad esempio quando la luna è piena è più vicina alla Terra. In queste notti avremo una "super Luna": essa sarà più grande e luminosa, consentendoci di poter ottenere dei meravigliosi risultati anche con un'apparecchiatura base.

Ci sono app e siti internet davvero meravigliosi che ci consentono di pianificare con largo anticipo i nostri "set lunari", con le quali è possibile reperire tutte le informazioni che ci serviranno per pianificare i nostri scatti. Un sito davvero ben fatto è timeanddate.com/moon.

Idee creative

Per fotografare una luna rossa, durante una eclissi lunare piena, bisogna ricordarsi di alzare gli ISO ed aprire un po' il diaframma per avere una corretta esposizione in quanto il nostro satellite non è così luminoso come quando è direttamente illuminato dal sole.

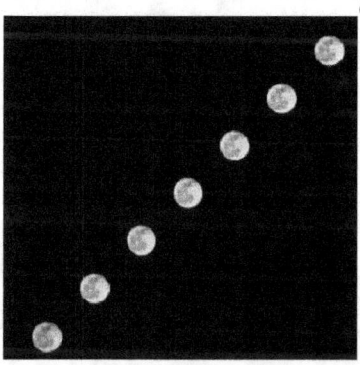

Se il vostro intento è quello di fotografare una fila di lune, bisogna scattare una serie di foto mentre la Luna si sposta nel cielo notturno per poterle poi unire in postproduzione. Per ottenere uno scatto più suggestivo, consiglio anche di effettuare uno scatto in più, esponendo sul paesaggio terrestre sottostante, per creare uno sfondo, uno scenario.

Il consiglio è quello di mantenere costante l'intervallo tra uno scatto e l'altro grazie all'utilizzo di un cronometro o l'uso di un intervallometro, incorporato nel corpo macchina, o esterno.

Come fotografare la Via lattea

La prima cosa da fare è essere lontani dall'inquinamento luminoso (città, paesi, centri abitati, complessi industriali...). Più ci sarà oscurità e più chiaramente vedremo le stelle!

Poi bisogna comporre i nostri scatti inquadrando il modalità Live View (schermo fotocamera).

Inquadra in direzione della costellazione del Sagittario, la quale si trova al centro della Via Lattea. Se non sei pratico di costellazioni, potrai utilizzare una tra le numerosissime app per l'individuazione dei corpi celesti sul tuo cellulare.

Imposta una sensibilità ISO molto elevata (consigliata ISO 3200) per poter vedere bene le stelle. Se il cielo è troppo scuro anche questa tecnica potrebbe essere insufficiente (in questo caso dovrai arrivare sul luogo dove intendi scattare almeno due ore prima del crepuscolo, mettere a fuoco il punto più distante e sistemare la composizione prima che la luce se ne vada).

Poi aspetta almeno un paio di ore dopo il tramonto prima di scattare.

Il trucco della regola del 600

Se non vuoi registrare il movimento delle stelle, dovrai usare tempi di otturazione molto veloci. Naturalmente questa regolazione varia notevolmente in relazione della lunghezza focale dell'obiettivo utilizzato.

Un buon trucco, adottato da molti bravi fotografi di astrofotografia è quello della "regola del 600", che ti sarà di grande aiuto per stabilire l'esatto tempo di posa.

In pratica basta dividere per 600 la lunghezza focale dell'obiettivo che stai utilizzando: ad esempio, se utilizzi un 50 mm, dividerai 600/50 e il risultato sarà 12 secondi.

Se utilizzi focali più corte, potrai dividere per 300 invece che per 600 in modo da non registrare un lieve movimento delle stelle.

Per donare più dettaglio alle tue astrofotografie, fondi le esposizioni
Sicuramente per la tua fotografia alla Via lattea potresti utilizzare una singola esposizione, ma, per donare maggiore dettaglio al risultato finale, il consiglio è quello di dedicare un po' di tempo alla post-produzione e di fondere almeno 5 o 6 esposizioni, sovrapponendo i livelli con Photoshop o con il programma che prediligi.
Siccome le stelle "si muovono" nel cielo, dovrai sovrapporre i livelli manualmente.
Dimezza l'opacità di ogni livello in confronto a quello sottostante (es: 50 di opacità, 25, 12 ecc…).
Se avevi incluso del paesaggio sottostante, nel risultato finale questo sarà di sicuro disallineato, allora, per risolvere questo obbrobrio, aggiungi una maschera a ogni livello, utilizzando il pennello nero, e dipingi con precisione dove queste aree sono visibili sul livello superiore. Lascia il paesaggio solo sull'immagine del livello di sfondo. Per rendere ancora più suggestivo il tuo scatto stellare, potrai aggiungere un'immagine esposta correttamente per il primo piano, per il paesaggio terrestre ecc… Per questo dovrai sovrapporre questo livello a tutti gli altri, aggiungendo una maschera e dipingendo l'area inerente al cielo con un pennello nero.
Un altro buon metodo per ottenere fotografie di grande impatto è quello di **dipingere con la luce i soggetti posti in primo piano** (in basso del fotogramma, sul paesaggio terrestre). Per fare questo dovrai fare un po' di prove con la tua fotocamera per stabilire i tempi di scatto ottimali (di solito circa 30 sec.). Fissa la fotocamera sul treppiedi, componi e imposta l'apertura del diaframma su f/5.6 e gli ISO a 200.
A questo punto, utilizzano una torcia, dai pennellate di luce regolari sul soggetto che hai scelto, stando attento a non soffermarti su un'area in particolare per non rischiare di avere parti sovraesposte.

Riepilogando, ci serviranno:
- Una macchina in grado di assicurarci ottimi risultati a valori ISO pari a 3200;
- Un obiettivo grandangolare luminoso (molto consigliato);
- Un buon treppiedi robusto;
- Un comando per lo scatto a distanza (o un telefonino, per chi ha una fotocamera in grado di connettersi ai dispositivi esterni).

Impostazioni suggerite:
- Velocità di rilascio otturatore: 10 sec. o superiore
- Apertura del diaframma: almeno f/2.8
- Sensibilità sensore: ISO 3200.

Catturare il movimento delle stelle

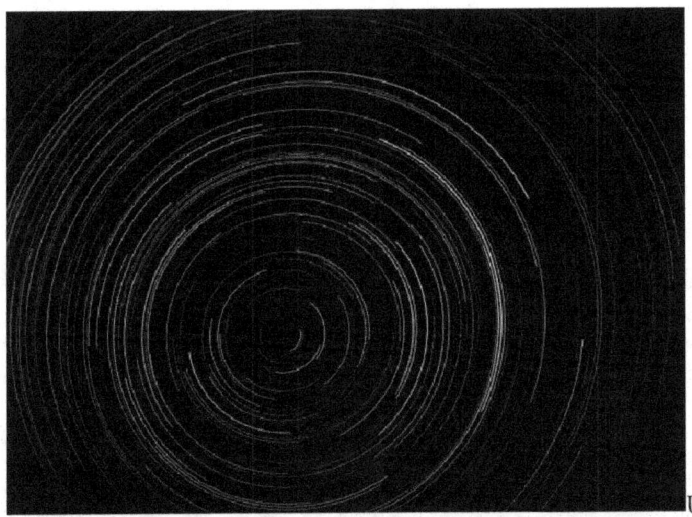

Un tempo, con le macchine a pellicola, per catturare il movimento delle stelle, erano necessarie esposizioni della durata di svariati minuti o anche qualche ora. Con l'utilizzo dei sensori digitali queste lunghe esposizioni potrebbero produrre eccessivo rumore, quindi è consigliabile produrre una serie d'immagini da unire in seguito in post-produzione. Questo metodo consente inoltre di ottenere tracce luminose molto definite anche in presenza di un lieve inquinamento luminoso.

Di cosa abbiamo bisogno:
- *Di una fotocamera in grado di offrire un tempo di otturazione superiore ai 30 sec. in modalità manuale;*
- *Di un comando a distanza munito di blocco;*
- *Di un treppiedi stabile.*

Impostazioni suggerite:
- *Tempo di posa 30 sec. o oltre;*
- *Diaframma f/5.6 (provare anche altri valori di apertura vicini);*
- *Sensibilità sensore a 400 ISO (Provare anche altri ISO vicini).*

Per ottenere una suggestiva foto in grado di narrare visivamente il movimento delle stelle, la prima cosa da fare è montare la fotocamera su di un solido cavalletto, in grado di assicurarle stabilità anche in presenza di un vento leggero.

Se si fotografa da un luogo dell'emisfero settentrionale, come l'Italia, bisogna puntare la macchina verso la Stella Polare, se invece vi trovate nell'altro emisfero (Australia, Sud Africa…) bisogna mirare alla Croce del Sud. Essere fotografi notturni è un po' come essere vecchi marinai!
Per avere un quadro chiaro dell'inquadratura e mettere a fuoco, bisogna utilizzare lo schermo in modalità live view ed alzare gli ISO.
Per lo scatto è possibile utilizzare la modalità di scatto continuo o bloccare l'otturatore attraverso il comando a distanza. È possibile utilizzare anche l'intervallometro per scattare una serie d'immagini con scansioni temporali ben precise (30 sec. di esposizione con apertura diaframma f/5.6). Controlla la prima foto prima di procedere con la serie di scatti, se le stelle non si vedono o la loro luce risulta troppo scura, alza gradualmente il valore ISO.
Per fotografare le scie delle stelle con un obiettivo grandangolare, si deve produrre una serie di scatti che coprano almeno la durata di 15 minuti: 30 esposizioni di trenta secondi ognuna. (Più sarà lunga la durata della serie di scatti, più lunghe saranno le scie del movimento delle stelle).

Finiti gli scatti alle stelle, mantenendo le opzioni di scatto precedentemente scelte, fai una foto con il tappo sull'obiettivo, per ottenere un immagine perfettamente nera che ti servirà in post-produzione al momento dell'unione delle immagini per ridurre il rumore e i punti bianchi, spesso presenti nelle immagini a lunga esposizione. (Perché funzioni, il fotogramma deve essere scattato immediatamente dopo l'ultima immagine alle tracce della scia delle stelle).

Postproduzione: l'unione delle foto

- Carica ogni foto su un livello separato in Photoshop (o nel software che utilizzi);
- Tranne che nel primo in basso, in tutti i livelli cambia il metodo di fusione in "schiarisci";
- Poi carica il fotogramma nero (sopra tutti gli altri) e cambia il metodo di fusione in "differenzia".

Un buon trucco per aggiungere interesse e forza ai nostri scatti stellari è quello di caricare in un livello separato di Photoshop un soggetto terrestre da porre in primo piano (una casa, delle rocce eccetera).

Come ottenere l'effetto panning

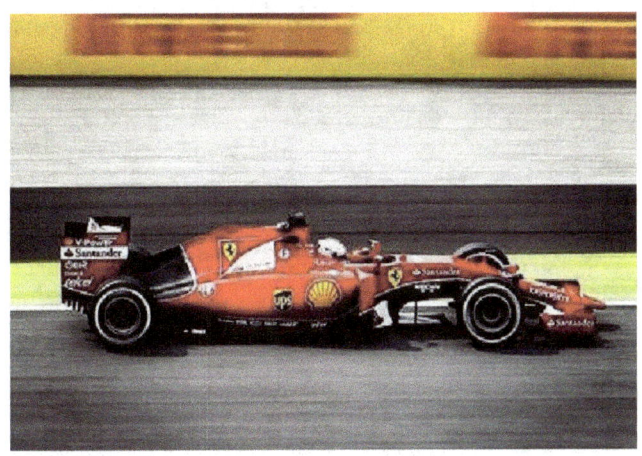

Se da un canto le fotografie che congelano l'immagine possono essere molto interessanti, e sono anche le più scattate, visto che riproducono grosso modo il nostro modo naturale di percepire la realtà, ci sono tante occasioni nelle quali la nostra foga creativa vorrebbe far risaltare il movimento di una scena, come nel caso di un animale (un veloce ghepardo, un uccello che vola rapido con delle nuvole sullo sfondo) oppure di un oggetto, come una macchina in corsa, che si scaglia su uno sfondo di un bordo pista composto da tanti spettatori, dai colori vistosi degli sponsor e da un asfalto da mordere.

Inoltre, quando lo sfondo ha una certa staticità, bloccare l'intera scena non è sempre l'opzione più desiderabile: negli sport di velocità, bloccare la scena in certi casi può rendere un'immagine finale priva di "adrenalina" e troppo statica.

In queste situazioni, come un supereroe, può accorrere in nostro soccorso l'**effetto punning**, ossia quel particolare effetto che ci consente di mantenere ben a fuoco il soggetto della scena su uno sfondo più o meno confuso.

Come si ottiene l'effetto panning?

- Mettetevi in piedi e assicuratevi di mantenere una posizione stabile;
- Mantenete la vostra fotocamera ad altezza occhi;
- Inquadrate il soggetto del vostro scatto e seguitelo nell'inquadratura muovendo solo il torso (tenetelo ben al centro del mirino e non stringete troppo sul soggetto, per non rischiare di perderlo: eventuali rifilature potranno essere semplicemente apportate in post-produzione);

- Scattate mentre il soggetto vi sta sorpassando, se vostra fotocamera ha tale funzione, utilizzate la modalità di "scatto continuo";
- Continuate a seguire il soggetto muovendovi dalla vita in su per tutto il tempo nel quale l'otturatore è aperto (lo so, scherzando un po' sui versi di una nota canzone, si può dire che: "Ci vuole un fisico bestiale anche per bere e per scattare", ma, per rassicurarvi un po', posso dire che in genere basterà una rotazione del nostro torso di 45° per assicurarvi una foto con un soggetto ben a fuoco su uno sfondo mosso.

Per quel che riguarda la velocità dell'otturatore, basterà usare 4 incrementi in meno rispetto alla velocità necessaria per congelare del tutto l'azione. (Per la maggior parte degli sport basteranno tempi di otturazione con un ventaglio da 1/30 sec a 1/125 sec). Uno sfondo ricco di toni chiari e di toni scuri sarà un vostro buon alleato per esaltare maggiormente il senso di mosso.

Cellulari: a cosa serve la doppia, la tripla o la quadrupla fotocamera

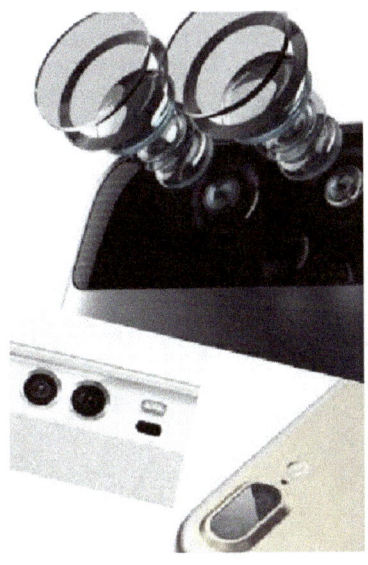

Quella di montare due fotocamere in un cellulare non è certo un'idea nuova; nel 2011 erano già apparsi cellulari muniti di doppia fotocamera per poter produrre fotografie e filmati in 3D. Tecnologia che, almeno per quel che riguarda il mondo della fotografia, in verità non ha incontrato un buon successo di mercato: amiamo i videogiochi ed i film in 3D, ma, per quel che riguarda la fotografia, i consumatori si sono sempre dimostrati restii ad adottare questa tecnologia, forse anche per la difficoltà di esportare le immagini su tutti i dispositivi, non sempre aggiornati all'ultima diavoleria tecnologica e forse spero anche, ma questa è una mia idea, perché legati al concetto di fotografia classica (cosa che mi trova perfettamente d'accordo).

In questi ultimi anni assistiamo al boom dei cellulari muniti di doppia fotocamera, un fenomeno destinato di sicuro a far registrare una decisa espansione anche negli anni a venire.

Gli smartphone attuali muniti di doppia fotocamera, abbandonato lo scopo del 3D, presentano caratteristiche in grado di produrre immagini in grado di offrire messe a fuoco differenziate nell'aria di scatto, scansionare in maniera accurata la profondità della scena e definire aperture dell'obbiettivo differenziate all'interno di ogni singolo scatto.

Inoltre l'escamotage della doppia fotocamera rende possibile montare sensori più grandi all'interno dei nostri dispositivi mobili, riuscendo a mantenere molto contenuto il loro spessore e peso.

Insomma, anche se a mio avviso le reflex sono insostituibili, abbiamo sempre più cellulari in grado di strizzare l'occhio a fotocamere di alta gamma.
Un fenomeno davvero interessante e stimolante per un mercato, quello dei sensori delle fotocamere, che negli ultimi anni in verità non registrava novità sostanziali.

Cos'è l'HDR e quando utilizzarlo

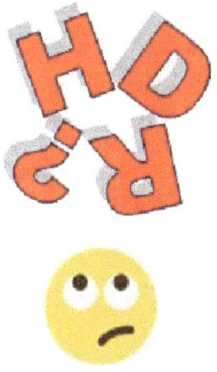

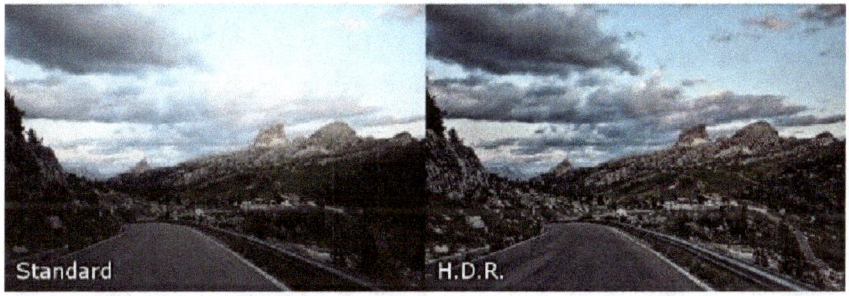

L'HDR serve per ottenere **fotografie con un'elevata gamma dinamica** (High Dynamic Range), ed è una tecnica di post-produzione atta a ottenere un aumento del dettaglio nelle ombre e nelle zone più luminose di un'immagine.

Scopo dell'HDR è quello di ottenere un'immagine che possieda l'intera gamma dinamica, o che si avvicini il più possibile a tale risultato, di una scena vista dall'occhio umano.

L'utilizzo dell'HDR può rendersi necessario quando la gamma dinamica di un nostro scatto, ossia il suo rapporto di contrasto, non può essere catturato interamente dal sensore della nostra fotocamera, perché è superiore alle sue capacità applicabili al singolo scatto.

Per ottenere una foto HDR bisogna scattare la stessa foto applicando differenti valori di esposizione (bracketing), per poi fondere gli scatti in un unico file; in tal modo saremo in grado di catturare una gamma dinamica più ampia della scena in immagine più grande a 8 o 16 bit (visualizzabile su tutti gli schermi dei nostri dispositivi).

Talvolta, anche grazie agli smartphone di ultima generazione in grado di produrre foto in HDR in modalità pressoché automatica e all'elevato numero di applicazioni per cellulari e programmi di post-produzione fotografica in circolazione, verifichiamo un abuso di tale tecnica, con risultati spesso a dir poco discutibili, come le fotografie eccessivamente saturate chiamate scherzosamente in gergo "a vomito di clown".

Ma questo fenomeno non deve farci avere preconcetti nei confronti della tecnica dell'HDR, la quale, se usata con giudizio è parsimonia, può rivelarsi come un nostro prezioso alleato. Del resto l'HDR è una tecnica applicata dalla metà del 1800 anche da grandi fotografi. (Un tempo questa tecnica veniva realizzata sovrapponendo diversi fotogrammi di pellicola o schermando o bruciando le stampe in camera oscura).

Potrà rivelarsi utile utilizzare l'HDR in tutti quei casi nei quali vorremo superare i limiti tecnici del sensore della nostra fotocamera per ottenere fotografie che contengano una gamma dinamica che si avvicini a quella percepita dall'occhio umano. (Un sensore di una fotocamera riesce a catturare in media tra 8 e 11 stop di luce all'interno di un unico file, mentre l'occhio umano ha la capacità di catturarne circa 20 stop, avendo la capacità di adattarsi alle mutevoli condizioni di luminosità).

Quando utilizzare l'HDR

Consiglio l'utilizzo di tale tecnica di elaborazione in tutti quei casi nei quali la scena presenta un elevato contrasto tra le aree chiare e le aree scure.

Ad esempio può capitarci di catturare una scena d'interno nella quale ci troviamo in presenza di una stanza per lo più buia , ed avremo una finestra come unica fonte luminosa.

Scatteremo in bracketing e uniremo i nostri scatti per non avere un'immagine caratterizzata da zone sottoesposte e zone sovraesposte e per poter conservare i dettagli del nostro fotogramma (per avere ombre nelle quali si può vedere e per evitare che la luce cancelli i dettagli degli oggetti che sono nelle sue immediate vicinanze).

Se le modifiche di esposizione da apportare sono minime, potremmo comunque utilizzare un unico file raw, ma bisogna tener presente che sul singolo raw è consigliabile operare sulla luminosità e sul contrasto solo di 2 stop, spingendoci oltre questo limite toglieremo gradualmente qualità all'immagine e introdurremo disturbo digitale.

Quando non utilizzare l'HDR

Non è necessario utilizzare la tecnica dell'HDR in tutti i nostri scatti caratterizzati da una luce morbida, che non crea contrasti duri che hanno bisogno di una correzione sostanziale in post-produzione. Per le foto in esterna di solito stiamo parlando di scatti presi all'alba o nella cosiddetta "ora blu".

Insomma non c'è bisogno di utilizzare l'HDR in tutte le immagini che presentano un elevato dettaglio nelle sue zone d'ombra e nelle sue aree più luminose.

Conviene in ogni caso scattare almeno 3/5 scatti in bracketing e decidere in seguito davanti ad uno schermo più grande se utilizzare la tecnica HDR o se uno dei nostri scatti ci soddisfa già.

Qualche nozione di post-produzione

Quattro photo editor semplici, leggeri e gratuiti da avere tra i propri strumenti

Ultimamente oltre al grande, completo e complesso Adobe Photoshop CS6 sto utilizzando 4 photo editor davvero eccezionali. Ve li descrivo brevemente.

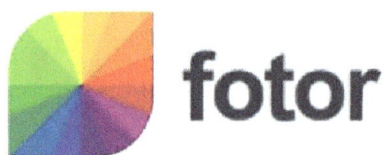

Fotor è un editor fotografico davvero semplice e intuitivo da usare sul proprio cellulare, tablet o pc che, attraverso semplici tocchi, ci permette di modificare la messa a fuoco delle nostre immagini in maniera accurata e di migliorarle attraverso delle opzioni complete e davvero intuitive, magari modificando luminosità, contrasto e saturazione. Con Fotor possiamo inoltre aggiungere filtri fotografici ben fatti e apportare ben 13 effetti scenici, simulando condizioni atmosferiche e di luce differenti.

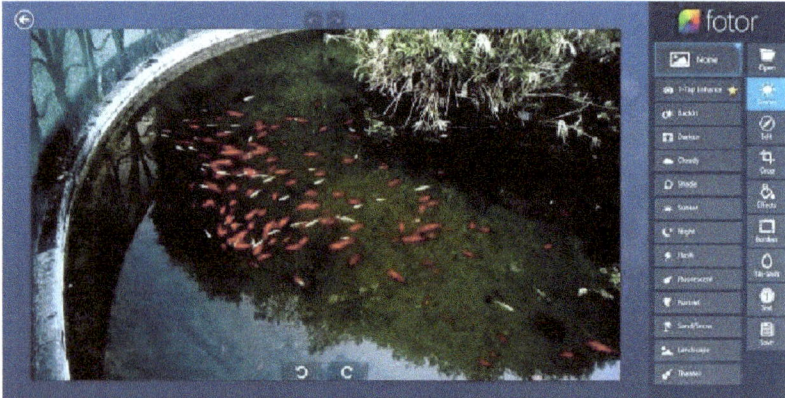

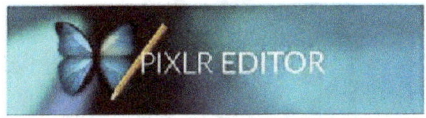

Pixlr in pratica è un Photoshop semplificato, utilizzabile on line da qualsiasi computer che ci permette di aprire un po' tutti i formati apribili con Photoshop. Un editor raggiungibile ovunque e davvero grandioso, utilissimo quando magari siamo lontani e ci manca il nostro Photoshop.

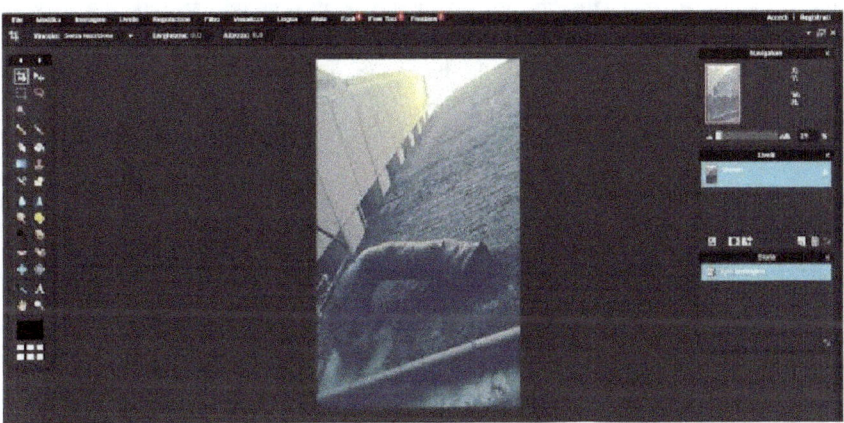

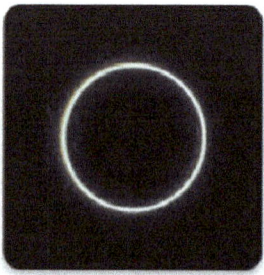

Polarr è un app per l'editing fotografico davvero ben fatta la quale, oltre a strumenti per la modifiche manuali davvero ottimi, offre una grande varietà di filtri, la possibilità di crearne di personalizzati e di acquistarne altri . Inoltre con Polarr avremo una grande varietà di pennelli e la possibilità di personalizzare la barra degli strumenti. Una cosa grandiosa di questa app è che permette l'editing dei file RAW e la modifica con le curve. Io la utilizzo dal pc, ma si trova anche sui market di cellulari e tablet.

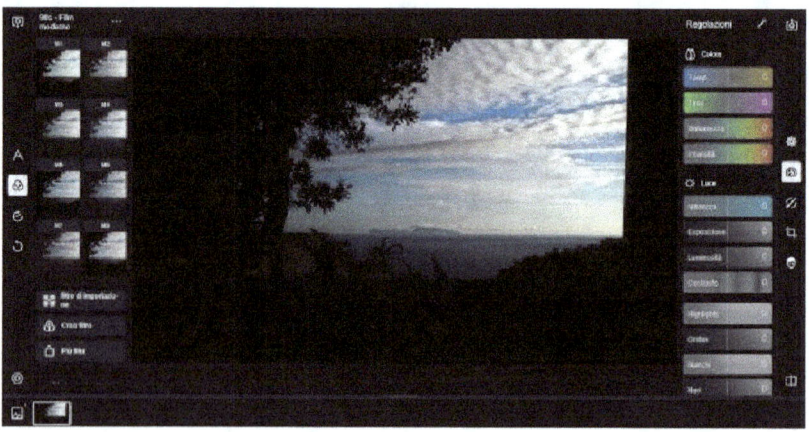

Infine l'app **Snapseed**, sviluppata da Google, attraverso un ventaglio di regolazioni davvero completo, permette di soddisfare tutte le principali esigenze di post-produzione, consentendo un ottimo editing fotografico in mobilità.

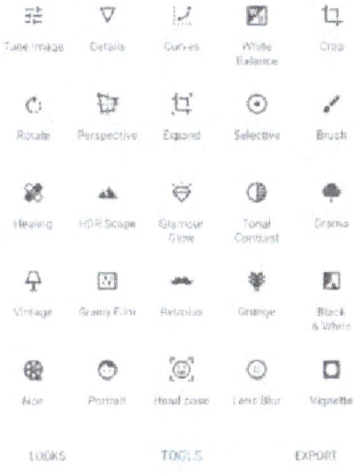

Oltre a questi quattro ottimi foto editor gratuiti da me testati, potrete trovarne tantissi altri in grado di venire incontro a quasi tutte le vostre esigenze di ritocco fotografico.

Panorami: come unire gli scatti con Photoshop CS6

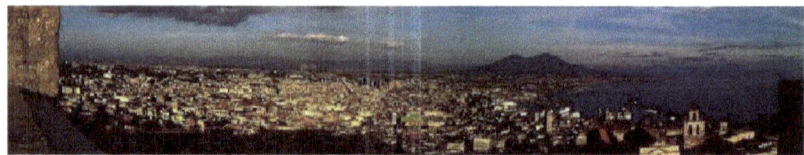

Scattare più fotografie in senso orizzontale e poi unirle al fine di creare una panoramica può essere una buona via per creare scatti di grande effetto.
Molti modelli attuali di fotocamere e anche di cellulari hanno software interni in grado di allineare una serie di scatti, in modo più o meno accurato. Anche molti programmi di post-produzione permettono questa funzione.
Oggi vedremo quali sono i pochi e semplici passaggi per ottenere delle straordinarie immagini panoramiche grazie all'utilizzo di Photoshop CS6, l'ultima release del noto software della Adobe che negli anni si è imposto nella top five dei software di elaborazione fotografica.

- Scattate una serie di foto, magari aiutandovi con un cavalletto, per mantenere la fotocamera in bolla, allineata allo stesso modo rispetto al paesaggio in tutti gli scatti che dovrete unire.
- Al momento dello scatto, fate in modo che aree della parte destra della foto numero 1 siano identiche alle aree iniziali della parte sinistra della foto 2 e così via, in maniera da favorire il programma nella sovrapposizione dei vostri scatti. (In qualche caso sarà consigliabile utilizzare l'esposizione manuale in modo da non ottenere significative variazioni dei valori di luminosità tra i singoli scatti);
- Inserite le foto in una cartella.
- Controllate che i file foto all'interno della cartella siano rinominate e numerate nell'ordine crescente nel quale dovranno essere disposte per la realizzazione del panorama. (A meno ché non abbiate rinominato i file, questo lo avrà già fatto la vostra fotocamera).

Poi **aprite Photoshop**;
- cliccate su **"File"** (in alto a sinistra);
- su **"Automatizza"** e, attivando la freccetta delle opzioni, su **"Photomerge"**, selezionate i file che volete includere per la realizzazione della vostra panoramica. A questo punto selezionate il bottone **"OK"** (in alto a destra).

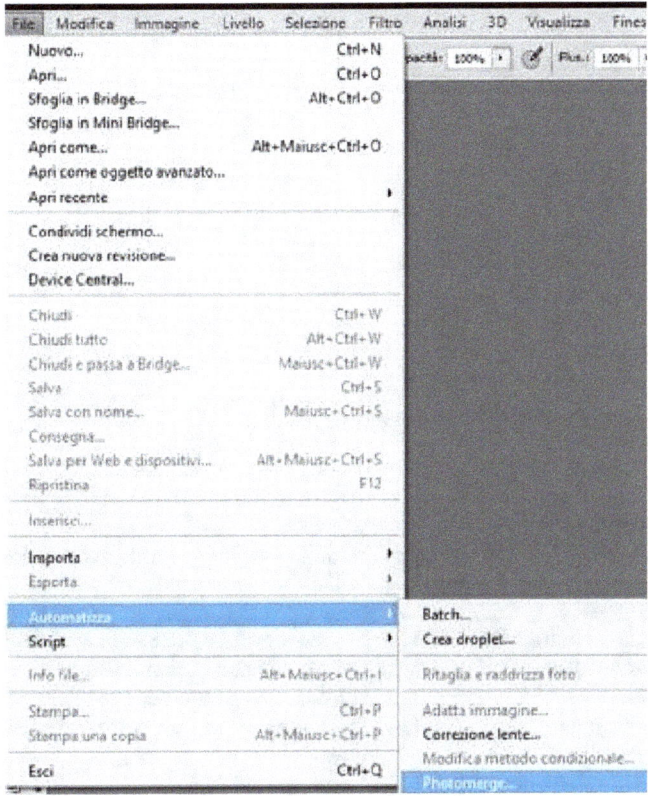

Fino alla versione Photoshop CS2 capitava spesso di dover ordinare i file in maniera manuale, ma, dalla versione CS3, questo noioso compito è una cosa oramai superata e il software fa tutto in automatico senza commettere errori.

Inoltre Photoshop permette di scegliere tra 5 differenti layout per il panorama che abbiamo appena creato: "Automatico", "Prospettiva", "Cilindrico", "Sferico" e "Collage", oltre alla funzione "Riposiziona".

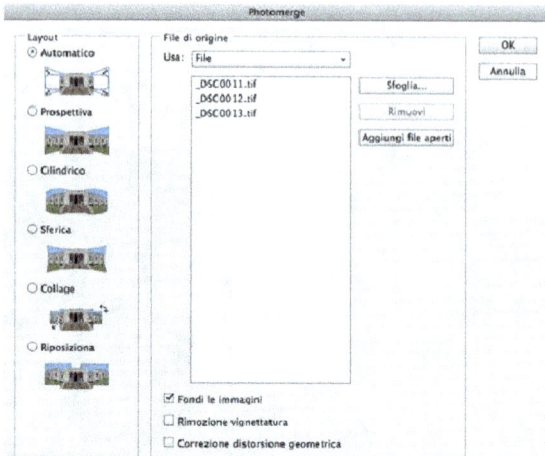

Conviene divertirsi un po' e scoprire quanto possono cambiare i nostri scatti, le dimensioni dei soggetti ritratti e le sensazioni da loro evocate, semplicemente attraverso la scelta di questi layout.
Una volta ottenuto il nostro panorama potremmo ritagliare i bordi sbalzati dovuti all'unione di foto scattate non proprio in bolla.

Consiglio anche di ingrandire l'immagine e di controllare bene se le aree di giuntura risultino naturali, ossia invisibili, e per appurare che non ci siano differenze visibili dei livelli di luminosità in tali aree, se così fosse, soprattutto per quel che riguarda il cielo, possiamo aiutarci a correggerle e sfumarle con l'utilizzo del "timbro clone".

I comandi principali di Adobe Photoshop CS6

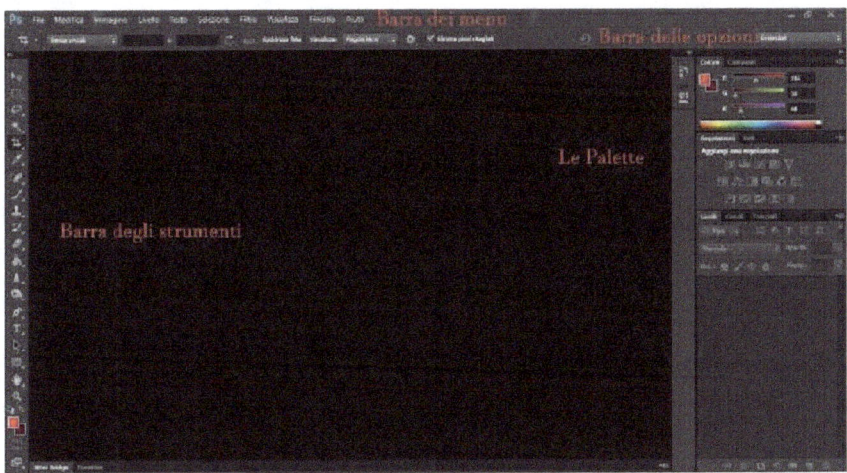

Adobe Photoshop CS6 è un programma di ritocco fotografico di una certa complessità e a mio avviso è anche il più completo per poter fare in pratica un po' tutte le modifiche immaginabili su di una fotografia. Esistono libri di migliaia di pagine e tantissimi video-tutorial in rete che spiegano i suoi comandi principali e le sue funzionalità più avanzate. Naturalmente questo capitolo nasce con l'unico scopo di introdurvi ai suoi principali comandi e di descrivervi le quattro sezioni principali nelle quali è suddiviso il programma.

La barra dei menu (in alto)

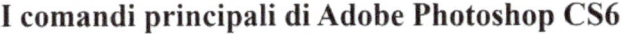

Per prima cosa bisogna aprire un'immagine aprendo il menu "**FILE**" per poi poterci lavorare un po' su. Per poi salvarla con tutte le numerose opzioni offerte dal programma attraverso il menu "FILE"→"SALVA".

I comandi principali della barra dei menu:
"**MODIDICA**" I comandi principali di questo menu sono "Passo indietro" e "Passo avanti" per poter azzerare o aggiungere le modifiche che abbiamo apportato alla nostra immagine. Inoltre i menu "Copia", "Taglia", "Incolla" e "Trasforma" ci consentiranno di apportare modifiche quali rotazioni, distorsioni e inclinazioni all'immagine o ad una porzione di essa.

"**IMMAGINE**" Attraverso questo menu possiamo raggiungere sotto-menu fondamentali per le nostre post-produzioni fotografiche, come il comando "Dimensione immagine" che ci permette di modificare sia la grandezza dell'immagine che il suo "peso dati", per poterla magari adattare a tutte le nostre esigenze d'uso come stampa, web eccetera.

Un altra opzione importante raggiungibile da questo menu è "Rotazione immagine": (A proposito, vi prego basta foto con il mare che pende da un lato!)

"**LIVELLO**" con questo menu lavoriamo sui livelli che compongono la nostra fotografia, come ad esempio un testo che abbiamo aggiunto, un'importazione di luminosità che abbiamo apportato ecc …

È anche possibile creare un nuovo livello di regolazione attraverso il comando "Nuovo livello", duplicare un livello o eliminarne uno già esistente. Un altra impostazione importantissima è "Maschera di livello" che ci permette di nascondere una porzione di un determinato livello per poter lavorare in maniera selettiva sulle nostre immagini.

"**TESTO**" con questo menu accediamo ai pannelli "Carattere" e "Paragrato" con i quali è possibile inserire un testo sulla nostra immagine e apportare innumerevoli modifiche a tale testo.

"**SELEZIONE**" ci permette di selezionare tutta l'immagine attraverso il comando "Tutto" o di riselezionare una selezione erroneamente effettuata con l'opzione "Riseleziona", deselezionare una porzione di un'immagine oppure operare una selezione inversa.

Con il comando "Tutti i livelli" si possono selezionare tutti i livelli di un'immagine, magari per unirli (LIVELLI → UNISCI LIVELLI).

"**FILTRO**" Ci fa accedere a tutti i filtri predefiniti per applicare effetti particolari alla nostra fotografia. I fotografi utilizzano molto "Correzione lente" e "Disturbo" per rimuovere alcuni effetti e "Nitidezza" per aggiungere nitidezza ad un'immagine.

Con "Sfocatura" si può creare uno sfocato ad esempio per far risaltare il soggetto in primo piano.

Con il menu "**VISUALIZZA**" non si modifica la dimensione reale dell'immagine, ma solo la sua visualizzazione sull'area di lavoro.

"Righelli" aggiungerà dei righelli (sopra e a sinistra della foto), magari quando bisogna svolgere lavori che necessitano di una certa precisione.

Non modificate le opzioni del menu "**FINESTRA**": andreste a togliere le Palette visualizzate e altre opzioni di visualizzazione che, a mio avviso, sono tutte importanti e già ben fatte nell'impostazione default del programma.

Con il menu "**AIUTO**" accedete alla guida online di Photoshop e ad altri servizi in rete.

La barra degli strumenti (a sinistra)

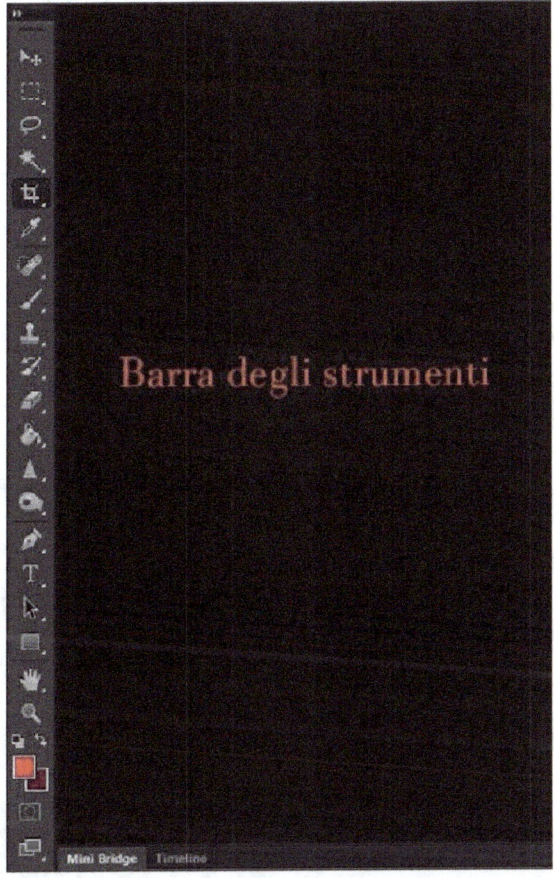

Potete vedere che i comandi sulla sinistra sono suddivisi da una sbarretta in quattro gruppi. Il primo gruppo contiene strumenti di selezione e ritaglio; il secondo gruppo strumenti di lavorazione diretta sull'immagine, quali gomma, pennello ecc ...; il terzo gruppo strumenti che aggiungono elementi all'immagine e il quarto gruppo strumenti di regolazione dell'interfaccia e non dell'immagine per modificare la visualizzazione nell'area di lavoro.

Selezionando il triangolino rivolto verso il basso sulla destra degli strumenti possiamo accedere ai sotto-menu dei singoli comandi.

Ecco gli strumenti, seguiti tra parentesi dal tasto di selezione rapida:

Selezione area rettangolare (M) Con questo strumento creiamo selezioni all'interno dell'immagine, premiamo il tasto sinistro del mouse e ci muoviamo nell'immagine. Attraverso il rettangolino sulla destra possiamo creare selezioni con altre forme.

Sposta (V) Con questo cursore possiamo spostare oggetti (i livelli) dell'immagine all'interno dell'immagine. Possiamo ad esempio trascinare del testo.

Lazzo (L) Serve per creare selezioni dell'immagine attraverso disegno libero. Con lo strumento associato "Selezione poligonale" creiamo la selezione disegnando i lati e con "Lazzo magnetico" ci aiuterà a selezionare in modo "intelligente".

Bacchetta magica (W) Cliccando sul colore il programma troverà tutte le aree nell'immagine con colori simili. L'altro comando associato "Selezione rapida" funziona come un pennello per creare selezioni con contorni ben delineati delle aree sulle quali "dipingiamo".

Taglierina (C) Per ritagliare l'immagine selezionando la parte d'immagine che desideriamo mantenere.

Contagocce (I) Troverà nella Palette colori un colore identico a quello selezionato nell'area immagine.

Pennello correttivo al volo (J) Uno strumento davvero magico e che utilizzo con estrema frequenza. Il programma riempirà la zona sulla quale dipingiamo in base al suo contenuto. Questo strumento è in grado d'"immaginare" come dovrebbe essere fatta la parte sottostante a un elemento dell'immagine che intendiamo rimuovere. Utilissimo per celare i difetti di un'immagine o per nascondere oggetti indesiderati, basandosi in maniera automatica sulle aree circostanti all'oggetto o al difetto da eliminare. Questo "clone intelligente" è uno strumento davvero molto utile ed efficace anche per rimuovere ad esempio graffi da una vecchia foto analogica o impurità dovute a scatti eseguiti con sensore sporco.

Pennello (B) Serve per dipingere sull'immagine con il colore che abbiamo selezionato nella Palette colori e con la forma che abbiamo scelto nella barra delle opzioni.

Timbro clone (S) Uno strumento davvero utile da utilizzare con il "Pennello correttivo" del quale abbiamo appena parlato. Per modificare un'area dell'immagine attraverso la clonazione delle aree vicine. Per avere risultati ottimali consiglio di utilizzare una "Durezza" bassa per fare ciò bisogna andare sulla sinistra della Barra opzioni (in alto) dove compaiono i numeri di dimensione del cursore.

Gomma (E) Cancella l'area sulla quale passiamo il cursore. Questo è uno strumento utilissimo per far apparire il livello sottostante, ad esempio quando desideriamo che una foto in bianco e nero contenga elementi colorati.

Pennello storia (Y) Ci da la possibilità di annullare le modifiche apportate all'immagine soltanto sull'area sulla quale dipingiamo. In pratica un passo indietro selettivo.

Sfumatura (G) Ci permette di creare una sfumatura scegliendo la sua direzione con i colori selezionati nella Bara delle opzioni.

Sfoca serve per mettere fuori fuoco le zone dell'immagine sulle quali dipingiamo. Lo strumento "Nitidezza" ne aumenterà invece la nitidezza appunto e l'altro strumento correlato "Sfumino" deformerà e sfocherà le aree dipinte.

Testo (T) Testo orizzontale per scrivere con numerosi font (un po' come avviene in Word) sulla nostra immagine in senso orizzontale e testo verticale per scrivere in senso verticale.

Rettangolo (U) Con questo strumento, o con gli strumenti affini quali Linea, Poligono, Ellisse eccetera possiamo disegnare tali forme all'interno dell'immagine impostando il loro colore dalla Barra delle opzioni.

Mano (H) Serve per navigare all'interno dell'immagine, spostandosi sulla sua superficie quando lo zoom è attivato e l'estensione dell'immagine è superiore all'area di lavoro.

Zoom (Z) In e Out (Vabbè questo strumento è inutile spiegarlo).

Modalità schermo Per cambiare le modalità di visualizzazione dell'area di lavoro, permette di passare dalla modalità schermo standard, alle modalità schermo intero e schermo intero con barra dei menu.

Modalità maschera veloce (Q) Ci consente di isolare l'area che abbiamo selezionato nella visualizzazione dell'anteprima, offuscando invece il resto dell'immagine. Per ritornare alla visualizzazione standard basta cliccare nuovamente sull'immagine.

Imposta colori Serve per gestire i colori che troviamo nella Palette dei colori: possiamo ripristinare i colori predefiniti, scegliere i colori, e invertire i colori di primo piano e di sfondo.

La barra delle opzioni (In alto sotto la Barra dei menu)

Attraverso questa sezione del programma possiamo selezionare al meglio le numerose opzioni dello strumento che stiamo utilizzando.

Le Palette (sulla destra)

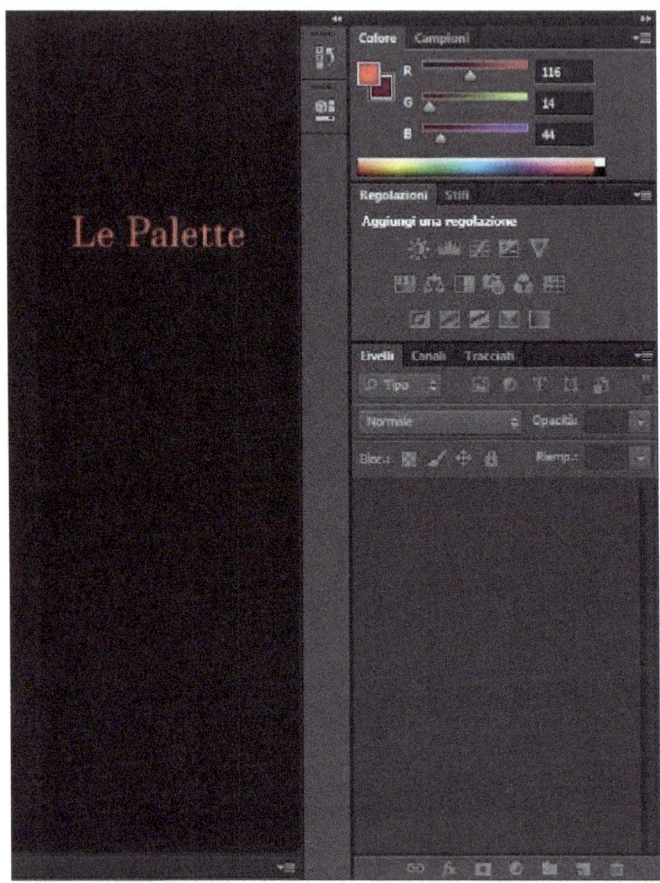

Le Palette sono divise in 6 sezioni: Colore e Campioni, Regolazioni, Livelli, Canali, Proprietà e Azioni.

"**COLORE E CAMPIONI**" La palette "Colori" contiene due colori (di default il rosso per il primo piano, quello che si una di più, e il bianco per lo sfondo). Accanto a questi due colori troviamo tre selettori per la modifica dei colori scelti. Per la selezione più avanzata di un colore basta fare doppio click sul quadratino del colore, mentre con un unico click lo selezioniamo soltanto.

Quando abbiamo selezionato il colore di primo piano o di sfondo possiamo selezionare il colore da dargli nella palette "Campioni".

"LIVELLI" I livelli sono alla base di Photoshop e ci consentono di fare cose eccezionali. Ogni immagine aperta e modificata in Photoshop si compone automaticamente di svariati livelli attraverso le varie modifiche che gli apportiamo come testo, regolazioni di luminosità e contrasto ecc ... Se il livello in primo piano non ha un'opacità pari al 100% possiamo ad esempio far trasparire i livelli sottostanti. Si possono ad esempio fondere due immagini, facendo apparire l'immagine sottostante con il grado di dettaglio che desideriamo o far apparire l'immagine sotto un testo che abbiamo sovrascritto.

Attraverso la palette Livelli possiamo modificare l'ordine dei livelli, creare nuovi livelli, impostare la loro opacità, rinominare i livelli, agire sulle maschere di livello ed eliminarli, eliminando anche le modifiche contenute in tali livelli, come ad esempio modifiche di contrasto, luminosità e filtri.

"REGOLAZIONI" Con questa palette possiamo creare livelli di regolazione con gli strumenti di tale sezione; davvero molto importanti per il ritocco fotografico, quali valori di Luminosità, Contrasto, Curve, Tonalità/saturazione ecc.. Sarebbe davvero noioso per voi leggerli, vi consiglio di provarli voi stessi e divertirvi con una vostra fotografia, (magari meglio una copia di una vostra fotografia!) In ogni caso la cosa ottima di tali regolazioni è che, semplicemente eliminando il livello, si può tornare indietro.

"PROPRIETÀ" Attraverso questa palette è possibile modificare i parametri di un livello di regolazione.

"AZIONI" Questa palette contiene azioni predefinite di Photoshop o azioni registrate, ossia una serie di regolazioni che è possibile registrare e ripetere successivamente per modificare in maniera veloce altre immagini.

Migliorare gli scatti con Adobe Lightroom: Le regolazioni del "Pannello di base" e i "cursori della Sezione impatto"

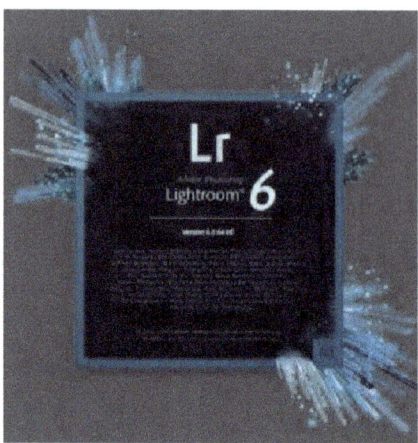

In questo breve capitolo vi illustrerò come iniziare a migliorare i vostri scatti attraverso pochi, semplici clic con "Adobe Lightroom", uno dei programmi più utilizzati dai fotografi.

Il pannello delle regolazioni di base, proprio grazie alla sua semplicità di utilizzo, che vi permette di migliorare le vostre fotografie attraverso pochi clic, è forse la sezione più importante da conoscere di Lightroom.
Conoscere gli strumenti di tale pannello vi aiuterà a prevedere i risultati delle vostre modifiche e a identificare quali strumenti utilizzare per trasformare la foto che avete scattato in quella che avevate in mente di scattare.

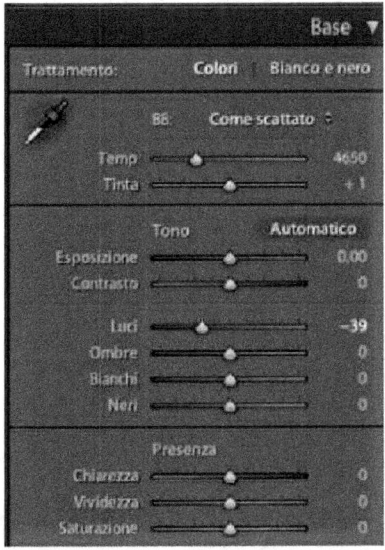

Con i cursori **Temperatura e Tinta** è possibile apportare modifiche importanti ad una fotografia. Sono i cursori che curano il bilanciamento del bianco (WB), attraverso i quali è possibile modificare, anche in maniera importante, l'atmosfera che la nostra immagine trasmetterà agli osservatori.

Se vogliamo che la nostra immagine risulti più calda, più fredda, o se semplicemente desideriamo correggere un bilanciamento del bianco che non ci convince, queste sono le regolazioni che fanno per noi.

Se il vostro file immagine sarà in raw, sarà possibile regolare il bilanciamento del bianco sull'intero ventaglio di combinazioni consentito da tali cursori. (I file jpeg, avendo già scartato alcuni dati inerenti ai colori, non permettono l'ampia possibilità di modifica consentito dai file raw).

Esposizione

Questo cursore, come del resto è facile intuire, renderà la vostra immagine più chiara o più scura ed è in grado di apportare regolazioni sui mezzi toni e sul grado di luminosità generale dei vostri scatti.

Utilizzando la regolazione "Esposizione" con i cursori "Luci" e "Ombre" si hanno alla portata di pochi clic in pratica tutti gli strumenti per schiarire o scurire un immagine in modo professionale. (Conviene sperimentare con interventi graduali, senza esagerare portando subito le impostazioni a livelli estremi).

Anche questa funzione non sarà in grado di spiegare tutto il suo arsenale con i file jpeg, in quanto tali file compressi hanno una gamma dinamica molto inferiore rispetto ai file raw (grezzi), contenenti tutti i dati così come sono stati catturati dal sensore della fotocamera.

Il cursore della regolazione **Contrasto** vi permetterà di intervenire sulla scala delle differenze tra il nero e il bianco.

Spostando il cursore verso sinistra le aree più chiare si schiariranno e le aree più scure si scuriranno.

Il consiglio anche in questo caso è quello di non esagerare con le regolazioni estreme e di porre una particolare attenzione al fine di non perdere i dettagli nelle aree più luminose e nelle aree più scure della scena.

Luci

Questo semplice strumento è davvero portentoso in quanto riesce a schiarire o scurire tutte le luci presenti nella nostra immagine.

Con le immagini HDR di alta qualità questo cursore funziona particolarmente bene, in quanto tali file permettono un controllo pressoché totale sui valori di luminosità, anche il alcune situazioni nelle quali desideriamo tentare il recupero di aree prive di dettaglio.

Quando si utilizza questa funzione il consiglio è quello di prestare particolare attenzione verso tutte le aree luminose della scena, in quanto le impostazioni di questo comando influenzeranno tutte le aree dell'immagine.

Ombre

Questo cursore è da considerarsi complementare al cursore precedente "Luci". Sperimentando con i valori dei due cursori troveremo la giusta esposizione per l'atmosfera che vogliamo dare alla nostra immagine.

Il cursore "**Bianchi**" imposta unicamente il punto bianco per la nostra immagine e in questo differisce dai comandi che regolano le alte luci.

Tale comando ha un effetto più corposo sulle parti chiare dell'immagine se regolato insieme al cursore "Luci". Ad esempio, in una foto caratterizzata dalla presenza di una sola fonte luminosa che contrasta con un ambiente per lo più scuro, potremmo aumentare il valore del cursore "Bianchi" e abbassare il valore del cursore "Luci", ottenendo in tal modo maggiore contrasto e dettaglio nelle parti luminose della nostra fotografia.

Neri

Come per i cursori "Luci" e "Bianchi", anche i cursori "Ombre e "Neri" vanno visti nel nostro lavoro come alleati per produrre un contrasto maggiore e un dettaglio migliore nelle aree più scure della nostra immagine.

Il comando "Neri" lavora con i pixel più scuri.

Se ci troviamo innanzi ad una bella immagine ma che ci appare un po' piatta, spostando tale cursore un po' verso sinistra potremmo risolvere magicamente il problema. Ad esempio possiamo subito notare come spostando i comandi "Neri" e "Ombre" nella direzione opposta aumenti notevolmente il livello generale di contrasto della nostra immagine.

Per aumentare il dettaglio e il contrasto in una fotografia consiglio di non ricorrere direttamente al cursore contrasto, ma di investire un po' di tempo nella regolazione di questi ultimi quattro cursori, ossia "Luci", "Ombre", "Bianchi" e "Neri", così facendo avremo il totale controllo sulla nostra immagine e potremo ottenere veramente ciò che desideravamo in termini di dettaglio e contrasto.

I cursori della sezione impatto, ossia i tre cursori in basso alla foto, vanno usati con la massima parsimonia per non rischiare di fare un macello.

Chiarezza è il comando più usato e abusato dagli utilizzatori di Lightroom.

Può rendere le nostre foto meravigliose, in quanto influisce sul contrasto, sul colore e sui mezzi toni ed è in grado di donare grinta alla nostra immagine, rinvigorendo i suoi dettagli ed i suoi colori. Però, se si esagera, potrebbe creare quegli aloni orribili attorno ai contorni e rovinare l'immagine donandole quel look sovraccarico che vediamo i tante, troppe foto postate in rete.

Vividezza

Se usato con moderazione, questo cursore è in grado di concorrere alla creazione di fotografie fantastiche, in quanto aumenta la saturazione di colore, ma solo nei colori che ne hanno bisogno.

Saturazione

Mentre il comando "Vividezza" aumenta soltanto la quantità di colore nei colori che ne hanno bisogno, questo cursore aumenta tutti i colori dell'immagine, senza preoccuparsi dei correnti livelli di saturazione.

Consiglio di usare questo comando unicamente con foto caratterizzate da tutti colori spenti, e di utilizzarlo con estrema cautela perché vi consente davvero di eccedere.

Correzione automatica dei toni in Camera Raw

A volte, al momento di effettuare una correzione ai propri scatti, può capitare di essere a corto di idee.

La nuova versione di Camera Raw (Adobe Photoshop CS6) ha una funzione di correzione automatica, per quel che riguarda luci, ombre contrasto eccetera, che è davvero strabiliante.

Se troviamo che il risultato sia convincente, possiamo inoltre impostare le preferenze di correzione automatiche in maniera che ogni foto che apriremo in seguito in Camera Raw venga regolata in automatico seguendo i dettami di correzione che abbiamo precedentemente impostato. Questa potrebbe anche essere una buona base di partenza per le regolazioni manuali che apporteremo ai nostri scatti.

Aprendo una foto in Camera Raw potete lasciare impostare in maniera automatica l'esposizione complessiva al programma.

Cliccando sul "pulsante Auto" il programma regolerà in maniera automatica i controlli del pannello base.

Rispetto alle precedenti versioni tale funzione ha subito notevoli miglioramenti e può davvero essere un'ottima scappatoia nei nostri momenti di "blocco creativo".

Se il risultato ottenuto non ci convince potremmo sempre digitare **Ctrl+Z** per annullare la modifica automatica.

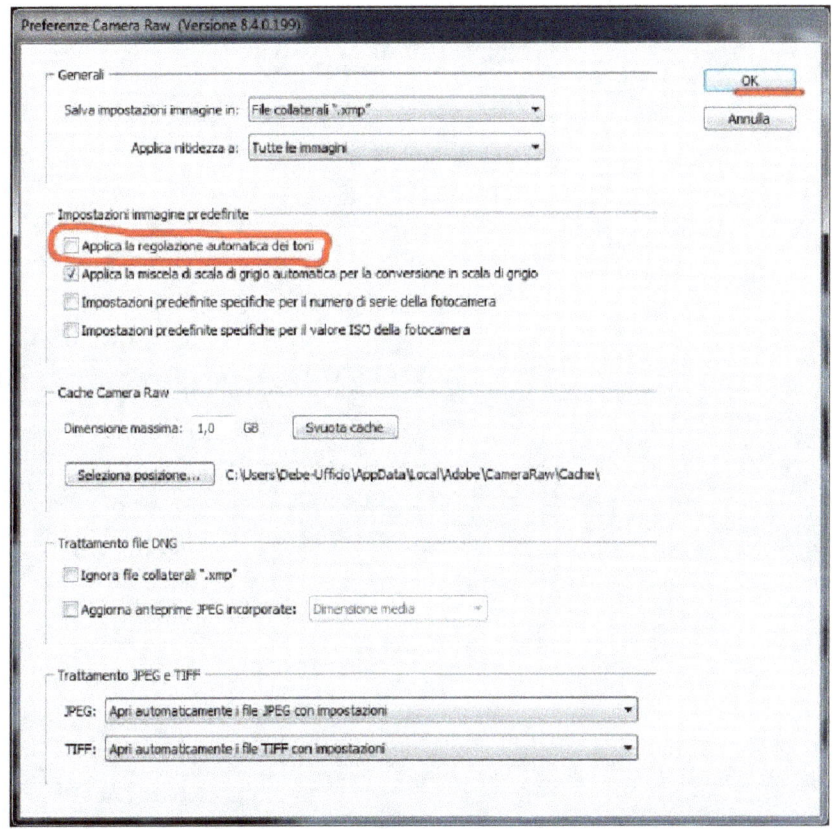

Se ritenete che tale funzione semplifichi il vostro lavoro, potete impostare Camera Raw in maniera che esegua una regolazione automatica dei toni ogni volta che aprite una foto con il programma: basta selezionare l'icona "Preferenze" nella barra degli strumenti di Camera Raw, poi selezionare "Applica la regolazione automatica dei toni" e cliccare su "OK" in alto a destra. In tale maniera Camera Raw tapplicherà la correzione tonale salvata ogni qual volta un'immagine verrà aperta con il programma.

Lo so, forse proprio come me, voi desiderate avere un controllo totale sui vostri scatti, ma in alcuni casi tale funzione potrebbe rappresentare una buona scappatoia o una valida base di partenza per le nostre regolazioni manuali.

Come donare grande impatto ai nostri scatti con lo strumento "Chiarezza" di Camera Raw

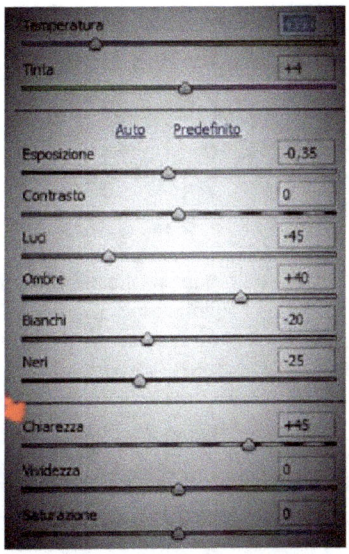

Lo strumento "Chiarezza" dell'ultima versione di Camera Raw è davvero strabiliante, in quanto, attraverso un semplice dispositivo di scorrimento, sarà in grado di donare ai vostri scatti grande impatto e vivacità. Questo comando a scorrimento lavora sul contrasto dei mezzitoni, in maniera da conferire alle nostre fotografie più vivacità senza renderle più nitide.

È un comando che può anche non essere usato con parsimonia e da buoni frutti praticamente in qualsiasi tipologia di fotografia: foto cittadine, panorami... in pratica in tutti quei casi in cui risulta utile accentuare la texture.

Il comando a scorrimento "Chiarezza" è ubicato nella parte inferiore del pannello base di Camera Raw, subito al di sopra dei comandi a scorrimento "Vividezza" e "Saturazione".

Spostando il dispositivo di scorrimento verso destra vedremo che le nostre immagini acquisteranno, in maniera semplice e automatica, eccezionali slancio e vivacità.

Al contrario delle precedenti versioni che tendevano a creare sgradevoli aloni, con l'attuale versione di Camera Raw (Adobe Photoshop CS6), talvolta anche esagerando con le regolazioni, si ottengono risultati davvero strabilianti.

Soltanto in alcuni casi, come ad esempio nei casi di ritratti del volto di donne e bambini, il consiglio o è di non utilizzare questo comando, oppure di utilizzarlo, ma al contrario (verso sinistra), al fine di donare morbidezza e uniformità alla pelle. Applicando una "chiarezza negativa" (scorrendo verso sinistra), attraverso il contrasto dei mezzitoni, saremo in grado di donare all'incarnato appunto uniformità e morbidezza.

Se riteniamo che tale effetto non vada applicato all'intera immagine possiamo ricorrere allo strumento "Pennello di regolazione".
Le aree che devono rimanere sempre nitide sono gli occhi, poi in molti casi anche le sopracciglia, le labbra, le narici, i capelli e il contorno del viso.
In questi casi, utilizzando il "Pennello di regolazione", non si deve "dipingere sulle aree che devono restare nitide.
Riepilogando, se abbiamo la necessità di ammorbidire la pelle in maniera veloce, una chiarezza negativa, magari accompagnata da un lieve aumento della nitidezza (di solito intorno al +20), è quello che fa per noi.

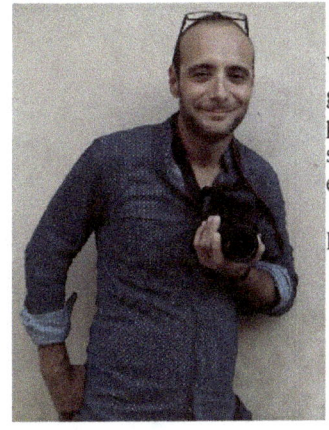

Vi lascio augurandomi che questa mia breve guida sia stata per voi di agile consultazione e possa tornarvi utile anche in futuro e con la speranza di ritrovarci in qualche luogo del mondo e poter scattare insieme delle belle fotografie.

Buon divertimento e buone fotografie a Tutti Voi!

Luigi Ventriglia

luigiventriglia.blogspot.com

Luigi Ventriglia

Sommario

www.ingramcontent.com/pod-product-compliance
Lightning Source LLC
Chambersburg PA
CBHW062316290526
45794CB00005B/1818